根在风中

WARMING THE CORE OF THINGS

[澳] 诺拉·克鲁克 著　董伯韬 译

上海译文出版社

目录

译序

诗可以是形式的探索，符号的游戏，但不能也不该忽略的是，诗更可以打捞良知，当世界与人性堕入黑暗之际。

是的，没有哪行诗能挡得住碾来的坦克。但不该也不能无视的是，也没有哪辆坦克可以真的碾碎诗。

于是，至少对某些人而言，诗，成为被剥夺后的补偿，成为流离中的慰藉，成为这陌异的世界里心灵的原乡。

诺拉·克鲁克（Nora Krouk）无疑是这“某些人”中的一个。诺拉，俄裔犹太人，二十世纪三十年代出生于中国哈尔滨，父亲是波兰天主教徒。至此已无须缕诉，只消对那段虽已残泐却尚未被时间完全剥蚀的历史略有所知，人们即可想见她的生命里曾遭遇多少磨折与苦痛：时代罡风的裹挟固难幸免，而信仰乃至主义的相斫相刈就在身畔至爱的人中间悄然展开，让本应无间的心疏离。生于斯世，真正的诗人，不会再自诩为先知抑或“未被承认的立法者”，而是毋宁做个诚实的见证者，在这令他们引以为耻的世界里，选择与那些在晦暗里代替光明的被侮辱与被损害的人们站在一起，录下他们的沉默、痛楚、愤怒，当然，还有这世界难免的不堪、污浊与平庸之恶。

以此，她的诗“读来宛若摊开的手掌／……被古老的苦难打下戳记”；

以此，在她的笔端，集中营里“炉火烧得红红的／烟囱呕黑了／天宇”，流放地的叹息同雪一起冻结于西伯利亚僵硬的大地，人体炸弹和着祈祷声引爆……甚至连爱也不再单纯地旖旎，不再一味地温柔，不再只是笼着轻纱的梦与安慰，而是塞满有意或无心的伤害，美若霓裳，却总逃不脱背叛背弃与无奈无常的啮咬。人们珍爱珍视的一切，青春、健康、生命、和平、亲情、友谊，无不莫名地留下蠹痕。但切莫急于埋怨诗人悲观、犬儒，也不必以愤世、厌世者每多深情来为她辩护，她不是乔张做致的持异议者，在极权射程之外扮演烈士，她只是一个勇敢，诚挚，懂得伤害难免却仍相信、向往美好，明白一切终将逝去却仍然珍惜，仍然以欢悦——爱的、生命的欢悦——作为自己诗的DNA，直面真实直面道德困境，对幸存者对把新帽子、新裙子看得比政治更重要的人们满怀体恤的人，诗人。

她的诗虽也有出人意表的意象拼贴，如暴露在前排因而免疫的感官，但流淌在她血液里的俄罗斯传统，那由普希金、莱蒙托夫、勃洛克、阿赫玛托娃铸就的传统则令她的诗在反讽中不失抒情的优美。譬如：她写蝴蝶、茉莉、紫藤、酱汁，写湿透的身体，写温暖的毛巾将生活裹进盈满痛苦的欢乐，写日常生活中最平凡的生物与最普通的经验，在世界的散文里发现、创造诗，从而超克此在的凡庸与沉沦。

另一方面，身为犹太后裔，饱经离散之苦，诺拉不仅在诗中刻画了切骨入髓的流迁之痛，更致思于个体如何由飘零异域转为植根他乡，怎样了解、理解差异，继而借由差异拓展自我、丰盈自我——无疑，这对在异质文化风涛中泅渡的现代人尤具启示。

董伯韬

2019年10月于上海

温暖万物之核

为我的家人，

为那些读诗和不读诗的人

献上爱

悼 念

我诗笺的含义
读来宛若摊开的手掌
尽管我的手掌被古老的苦难
打下戳记——
隐秘的纹路镂刻着忧伤
与焦灼的等待
等待致命的答案

——译自一首俄文诗

费 马（1914—2008）

莉莉娅买了珊瑚玫瑰
萨沙在鹿特丹买了
黄色郁金香　她想到
我荷着沉重的
哀伤　为我流泪
我却并没怎么哭。我读书
写作　甚或烹饪　随后
发现自己错了　就返向你

虽没回答
你的呼唤。诺卡！

我整理你的东西　理出
论文　证书　旧的
护照　公务信函
更多的文件　有几吨重
你的卡片　笔记　和
电报——急切　炽热

几帧散落的老照片

……我试图记住　记住

你曾经的模样。如今你

在麦考瑞公园　像你

想要的那样。在你长眠的地方

我撒了些花瓣

是从我们的油茶上摘的　听

以每个毛孔辨别有什么

触动我　也许是个手势

是种祝愿为了让

我离开……不

托尼说这只发生

在电影里。生死间

隔绝是结局

我想你

他们大多数时候在一起

他们大多数时候在一起
她不愿离开他
却又极想睡在外面……
孙女的毕业论文研究
老年与抑郁
那不是她的境况：书　音乐
稳定的情绪。她对美好事物
的爱……家务
医生　刹那的喜悦　——
探过篱笆的粉色的花。

她时常引用自己最爱的诗行：
海边夹竹桃绽放①
他想再听一遍：

海边夹竹桃绽放

① 出自俄罗斯诗人伊丽娜·莉斯涅斯卡娅（Irina Lisnyanskaya）的诗。

紫色的花影浸透沙滩

绝望的卡桑德拉的呼唤里

碎浪叩打着大地的围栏

难道咆哮的激流里她不曾预言

滴着血污的星辰的统治

开向北方的列车停在荒凉的车站

人们挤满锁着牲口的车厢

她不能继续

无语

饮泣

他握紧她的手

夫 妇

他们追寻思想
名字　事件
他竭力听清
记住那些词
为理解它们的意义
抓住丝丝缕缕的线
以认出那张脸
（我们可曾相遇？）

失落在脑海中的絮烦
一次又一次

她尝试讨论
给思想打个结
慌乱　弄不懂情节
他们痛苦　因感觉的复原
爱的留存
以及对事物的掌控
悄然逝去

委顿在椅子里

委顿在椅子里

充斥着僵硬的不适

哀悼着流逝的岁月

惴惴于最后的失去

白冠的鸟

挪动着脚步　守护自己的骨头

握紧自己的手杖

抓住墙

偶尔摔跟头

白色的椅子等待

炫示着花哨的椅垫

十五号病室

裸着臀和其他部位
这是动人的画面——
人体工坊
移动的帘幕

吊装囊里的液体
床上方的雏菊
滴液和荧屏
压低的声音

忘却肢体的语言
失落男性的自我
　　　　亲属们来来
　　　　　　　去去

来自老年病室的
病友　以痛苦的眼睛
寻索自我
在碎玻璃片上蹒跚

家中分娩

被过滤的细雨下
越过凹凸的地面
在滴答的落叶里奔突
一条狭窄的通道
挤进卧室
在衣柜
和轮椅间
他们忙乱着
抓住被单
摇着他把他移到床上
整个过程都是静默的
（一个人体模型
摆荡于潮湿的巨浪）
我谢……谢他们
在我的呼吸下埋怨
盯着叶菲姆
和他说话拍着他
轻轻抚摸充血的双颊

拉扯那湿软的膜

他们留下医院的毯子

被单和衣服……

我被围在这堆白色里

他仍沉默

我的喉咙哽住了。

生 日

他知道生日将至

试图把它

记住。生日前两天他喊道

生日快乐，诺兰卡

前一天说生日快乐

然后就忘了。我们办了个派对

给他穿上新的田径服

戴上红帽子　在圆桌边

我让他姐姐喂他。她给他一杯

酒。莉莉娅宽厚大度

记忆里满是为别人放弃自己的故事

她频频来访　看我是否尽职

每天为他哭泣

我们的夜晚很糟。昨天他

叫我加丽娅

在吹风机下我忽然省悟我可以做到——

发明一种微笑　回答他频繁的召唤　偷空

记笔记　写下　雾散时
的一切。和他聊天　也许能让他听懂
不可避免的或将结束　或仍有
光　在某处　在脑海里
我暖烘烘的头晕晕的　充满各种思绪　却无涉
管钱或如何让他
不受伤

他借助高高的助行架走路，听不进
劝告　他右腿一拖一拖的　突然
颤抖。在床对面跌倒　双腿悬荡
充满危险　他会失足滑倒。我央求他恢复
平衡　重新起来　起来
深夜时分　当
睡眠自灾难的边缘将我攫住
我对我们的儿子说　这是我的义务　无论怎样
但它真的是爱　或怜悯。在俄罗斯
农民说“怜悯”而不说爱。

我怜悯他。也许他们是对的
爱是最没有怜悯的情感

曾有个关于死去的节目。几周前
他仍和我一起看　我说我愿看它
希望尼契克医生　给出暗示——
一个人
万一需要　在哪儿能得到必要的一切。讨论
到中途，他边躲着痛苦，边说：
够了

双人床上

双人床上

像胎儿一样

埋在毯子里

露出白皙如丝的颈脊

他睡着　睡着

醒来午餐

他转转头

柔柔密密的毛落在小小的脸上

鼓起的、闭着的眼睛上

一只初生的小狗

她想抱住他

在他头顶轻声哼唱

她的“老北鼻”　依偎

在妈妈妈妈胸前

主人和主妇

他的看护来访　下午茶时薇拉过来
坐在平日的位置上　记起他的
幽默感　　　不相信
他患了痴呆
　　　　　　也许他的是罕见的病例吧
　　　　　　大脑损伤
　　　　　　极大地影响了患者的
　　　　　　体质？

她没有透过表情和动作
看清他的心在为
保持正常而战。他为尊严和独立
挣扎时，她看到的是
他的自我在张扬

　　　　　　临近我们“假装”结束
　　　　　　他说：“我习惯做
　　　　　　一家之主”

我很高兴赋予他
这一特权

现在我是家里的主妇
我在做戏。止不住
自问一切能否
得到他的认可

我该如何?

我该如何
减少痛苦?
注满空虚
平息渴念?
我该记住你的
不忠?你坦白了
你为什么那样做?
我原本不知道的
难道告诉妻子是
那刺激的一部分?女孩
依旧懵懂　于练习
之后。你一直爱
我。甘苦
与共　怕失去我
而今你走了
一个老男人　历尽残忍的
病疾　将我遗留
给日月与流年的诅咒

有人说：你

无法学会老去

两个人是可以的

可其中一个丢了

我至爱的至爱的执拗的

丈夫。我的爱侣

干 果

如今她是老友。

老　是的。

多年前和他一起睡过，

生出对他妻子的爱，

或许也爱过她

感觉优越：

郝思嘉式的眼眸，

丝发、绸缎内衣，

以及肩和别的部位……

一枚熟透了的甜李子。

友谊生长一如植物

被浇灌、修剪

用作树篱

抵御流言蜚语，

如今他们可以是朋友了：

旧日的对手都已不在，

连她锋利带刺的话

也成了一阵傻笑……

她看着那位妻子

料理他暮年的

孱弱

此刻她想

聊聊大写的尊严。

不那么简单

他们有过很多相同
可能连他们自己都不知道
而后来他们分享对彼此
的反感。接着是
妒忌？谁能说清
他们曾度过一刹
“好时光”——在上海
一场二十世纪的假面舞会
在世界的火光之中
随即也过完了一生
他们是好朋友
虽然其中一个
抱紧秘密　却又总爱
炫耀　旋即否认
逗引……为什么
你总问？是在回避
对某种痛的碰触
抑或报复久已愈合

的伤　或还为之受苦?

也许她也在想

杂着些别的事

伤 心

她支付不起伤心

说：伤心属于年轻人

　　泪水的湍流

　　黑色的愤怒　甚至绝望

　　　　没有空气的坑穴

他们也能挣扎求生　凭借血的

　　　　　　　　　炼金术

我只能每天一小时一小时地挨

　　　　　　　　　黑色的日子

我不可以伤心

给利昂·K

一个曾侄孙女
为家族的亡魂纠缠
查找一位逝去很久的叔叔的记录——
阵亡于一战的战壕
被子弹击中　被地雷炸碎
在刺刀、机枪下殒命

她把他想成一个少年
正在给悉尼的恋人写信
点着烟，避开曳光弹
蜷伏在异国的泥泞里
梦想某个未来……
那时没有人

在悲伤中走来　放下花
悄然而立　祭奠逝者

而我们不同

我们没有墓园

他最后一次被看到

是在监狱的院子里

我们没有获知细节

但整夜整夜……

菲姆哭泣

我从未发问

我感觉我是

丈夫的父亲从前壮硕、开朗

却给他们打瘫了

他被打倒在地上被践踏

他们做了什么

在他的靴子盈满鲜血之前？

之后又发生了什么

在哪里在什么时候？

他们怎样杀害了他？

他是否？不！我们怕极了

但我们必须知道

该有清单

记录这数百万亡灵

我们寻找见证者

却一个也找不到

为找出他尸骨长眠的地方

为从万人坑里掬一捧土

为满足我们牵念和祈祷的需求

为说声我们爱他

近日包裹频来

三卷本的纪念文集

里面只有伊尔库茨克各监狱

死难者

简短的传记

都收在“伊”字下，“伊”连着“我”。

陌生的人们

同他父亲葬在一起

——多么大的墓穴——

他们的呼喊穿透苦难的岁月：

记住我们

他耗尽了自己

痛苦渗入像血

从他父亲的靴子滴落

他抑郁　焦躁

房子也变得紧实

重如罪恶

以免他忘却

淡淡的栀子花的馨香

淡淡的栀子花的馨香……
不过，我们一枝也没有
我们有的是紫菀——是一园
乡愁。爸爸
试图再现
基辅的过往，借助红红的塞特种猎犬
扮乡绅，
精心研究
狩猎主题。

爸爸可是将他那些波兰
的幽魂带到了那儿？是姐妹，
幸存的兄弟，
还是双亲？
他从未跟女儿
谈起他们，女儿
只知自己是俄罗斯人。

我不是儿子，但我要求

承继他的爱并指出某种相似
好来暖他的心。我也
接受他的世界观
我们就是　我们。

妈妈是犹太人。曾被囚禁。
曾被凌辱。他是那么爱
爱超越一切。他使我们
免遭拒斥　　割断
家族纽带。他们从未听说过我们……
爸爸是否为这断裂而伤心，
因自己的女儿
不认识爷爷奶奶，
他是否思念父亲或母亲的
抚触，话语，特别的
口味和味道？他筑起
我们整个的生活。他是否遗憾
……一些事？我从没问过。

暂访

她没在那儿
此刻——她没
戴珍珠也没佩饰带
甚至没在我跟前
侧起她可爱的头
“在我的华年”
几张照片上
是个老妇人
（今日推想
当时尚年轻）一只脚
踏进但丁地狱
第一层。

生机勃勃的英政府直辖殖民地
香港
花和头条
膨胀生命
头条和花

却没什么给妈妈

埋进中国土壤的妈妈

没有墓碑

安杰拉卡寓所……悼念

已经很久了
那时我们总是从这头走到那头
……走过那两只狗
走过门前石头似的
秘密警察　走过吐蕊的
野牡丹　走过安杰拉卡寓所

我们常常驻足凝望
想知道她可安好

美丽的林荫路
虽然回来时有些陡
我勉强触到他胳膊
他说这有用

慢慢地我们丈量时间
——二十五分钟
在安杰拉卡寓所近旁停下：

摇曳的树间既无小径通幽

彩画玻璃门上也无灯光漫过

没有怡人清静的宅院

没有出类拔萃的花园

愤怒着　我抱紧往昔

她已接受这飘零

天花板

一

她床上方的天花板
饰着线脚——花冠
在紫色的向晚
光淡去。百叶窗总是垂着

黄　明亮的颜色　阳光的颜色
织进绿叶的阳光
戴在浅褐色头发或金色鬈发上的花冠
乳娘看着他们奔向前方
墓园广袤的天穹　乳娘曾喜欢：
孩子们跳过　一座座小小的墓石
来来　回回　越过那些垩白的方形物
在踏出的小径上　墓园的风让人神清气爽

对这一颜色的爱从未改变：
插花里的些许黄色
一条黄色的连衣裙，一件黄色外套

一枚婚礼的金戒　金　黄？

他们也用这一颜色称呼懦夫——

那些畏惧子弹　恫吓

粗鲁　以及生命隐秘的创伤　的人

二

那个吉卜赛人说：我看见血

她如何知晓那次难产？

我看见私情　罗曼史……

吉卜赛人啊！他们懂得怎样领舞

她对最好的朋友说——他妒忌

感觉真的被奥赛罗爱着

那晒黑了的偷猎者　那光的勒索者

年轻的男子寻觅魔法

凭借铁杖

子宫流血

老人嘲弄奇迹

我茬儿　指摘喜悦

细雨般的冷水

洒向昔日的火焰　　怨诉

喂食无用的盛怒

三

姑嫂们

在车里聊天

在厨房的凳子上小憩

黄昏是重映

那些用尽的主题

有时是多风的日子

她不舒服

有时是在别的日子

感觉心

诉说——艰辛

苦难萌芽如野草

穿透砌牢的砖

生活从我身畔走过　她说

没有什么向它展示

或记忆　也许只是

食物　忧虑　朋友……

朋友和好的食物

尚非最不堪的荣誉

荣誉。全都错了

在被过滤了的阳光下

黯然的光

黑色的成功

刻就的灰泥花冠

灰　　白

头顶降下

一英担[1]忧愁

化成石头

① 1英担等于112磅（50.8千克）。

安娜·卡列尼娜

假如那个吉卜赛人看过安娜的手
在开朗的微笑与藏起的慌乱间
也许就会避免那残忍的结局
就会消融命运的刻毒？

安娜原可与塔吉亚娜一样命运：
做忠诚与忧愁的典范
成为妻子　母亲　尽职而又端庄
对令人无措的疯狂闭紧门扉

可　毫无预警地　荷尔蒙唱起歌
温柔了人体组织　折下隐秘的萼
没什么看似不可能或是过错
在它们的魔力下

爱　激情。激情流尽复又盈满
随即　是怀疑　惴惴不安　和车轮

深夜的磨难融化了肉体

那些年，我们

曾多为你担心。当你

能奔跑，跳跃，爬山。

在痛苦侵袭的间隙

学自行车，练健美操，却

在复健的战斗中失败。

我们曾多么关注

那些可怕的征候，而你

仍大笑，伸懒腰，

连低声的耳语也听得清

（我古怪逗趣的悄悄话

在你怀里窒息）

虚假的警示……

　　　　　凝结成疾，

失去复原时的闲适，

被打破的日子莫名地不安。

深夜的磨难融化了肉体

我们的恐惧相撞。

疲惫……

我想握住你　你

每况愈下。

蓝色天鹅绒

蓝色天鹅绒像破碎的眠

摇落进沙发套

梦太难摆脱

——旋舞着像绒毛　像雪花

融化成泥

风雨之后

溪流纵贯街巷

他神气地蹬上新靴子

穿上马甲　戴上别致的遮阳帽

抚弄起胖乎乎的吉他

笑起来　带着喉音

里奥　我喊道　回来!

他径直走过

肩起层层时光

走过晦暗的梦

生活　是恍若

发生过的一切

他曾在　他还在

我给里奥写诗　又一次

他在那儿出现　是里奥自己

"妈妈　到底怎么了"

接着他说"好吧，我来写音乐"

然后你做不到了是吗?

写音乐　停止喝酒

安顿下来　抚育孩子?

踏灭那些思绪

让你心碎

你不能只是　活着　是吗?

更新

我曾说

所有人都爱秘密

“这本书不是”

友人应声答道

一位年轻的女子

　　一位年轻的女子穿着褪色的牛仔裤
　　和蓝色的套头毛衣走过
　　某个周日的亚瑟街。
　　她微微笑着。
一朵微笑在我们的街头翱翔
一朵轻盈逗趣慧黠的微笑
从她唇间滑落
拂过肤如凝脂的腮
在金发织就的丝翼下　飘向
人行道　车行道
飘过挂满生日后的气球的栅栏
落向一株注满阳光的金合欢　在那儿栖息

我 们

你是直升机

我是固定翼飞机

你是瀑布

我是湖

你是弹速列车

我是牧场

你是风向标

我是炉膛

萦起我的呼吸

在红色的瓦上

温暖万物

之核

银器上的埃尘鸣响

银器上的埃尘鸣响

在风到不了的角落

失去了光泽的静默

晨曦暴露

我左支右绌的家什

唤起丝丝缕缕的清香

来自蓝色碟中

芬芳的绿浆果

和冒着热气的杯子

觍颜　即刻

喘息一下　身内某处

发出醒来的信号

在漫长的病疾之后

无论怎样

这一天是

一滴蜜

一次温暖的倾泻

飘

我是只气球　蓝绿红三色融汇

我翱翔盘旋下探生辉

被一树蔷薇刺破　我失去些许热空气

我曾把香水月季歌唱才情洋溢

热空气充满我有若温婉的流水……

说什么悬挂式滑翔机！空气的万千奇迹——

看不见的鸭绒在缠在摇。

谈谈空气吧。那种

充盈感　舒活感

你的每一寸都变圆　通体

紧致畅适……

直到另一根刺得逞

你不再像别的气球

那么轻那么圆。也不再那么伶俐。

你仍在某一高度飘荡

饱览丘峦　仰视高峰。

下面的幽谷是你平安的海洋。

看那些气球　正起飞：

　　　　如赛马

五彩缤纷　蹦蹦跳跳：

　　　　似星座。

空气重于呼吸

此刻引力的牵扯是残忍的

来自地面的一切意在凋零

一切在劫灰里栖止。

我是绿蔷薇上的一块破布。

天空将闪闪发亮

友人引用
她自己的诗
词语过滤光
允许万物停留
林木呼吸
众水流动　身体碰触
欢乐易逝
而又长久

悲喜欢愁
温柔的存在　含混的元音
湿透的身体　温暖的毛巾
生活裹进
盈满痛苦的欢乐

某人的手拾起玩具
也许是球　或彩色的圆环

——扔给我！劳驾，给我！

……好吧　我不擅长接住

和抓牢……

天空之下　闪闪发亮

万物坠落

记 忆

给奥尔嘉·白凯奇

直面记忆

不再欺骗和粉饰

直说吧！ 就这一次

将那优雅古老的舞步终止

——谎言与真实同在

抛却那些东西就当是

　　　　过往

　　　　韶光

　　　　不懂事

　　　　爱得太深

　　　　太坦白

　　　　逃脱地狱……

我感谢命运

为在阳光下着陆

这是淋浴的国度

这是淋浴的国度
几乎没谁渴望
芳香、幽静的热水澡
遗憾！那是最甜蜜的
疗治——在
水沫间漂漾　任它
消融紧张　僵硬
拥着你　抱住你　甚至
可将骚动抚为平息
和忘记
我小心翼翼迈过
浴缸沿儿
光线离合中的修道院女孩
——仍为肢体的残损惊悸
——水认领我
当我露出水面，我完整，女性
永不老去

春天

春天的第一个日子
我搜寻
那颗古老的心
在应在的地方
稳稳地行进　怦然之声里
不错过一次心跳
谢谢，春天来了，
为主的缘故，春天来了：
空气——不更凉，
也不更暖。无过无不及……
只是如此：秘密的
花粉和太阳和干涸的泪珠
的炼金术，没有胆固醇
的血液，
仍甘醇如蜜……
我相信这颗心
能够荡起。
春天来了。

马德里的风

马德里的风如此微妙

它能杀死一个人，却不会

熄灭一缕光。

——西班牙谚语

一个对摭的秋天

正乔装成春：

浅紫电过莫奈浓浓淡淡的绿，

露滴闪烁于如丝的蛛网，

毁灭的恐惧缄默

因迸裂的花蕾

一切都可以重来

天风浩渺：明快，甜蜜，

编结雾霭烟岚的丝带

在巷口上方

……渐渐隐去

宛若最后的呼吸。

这风，

太温柔　吹不灭

烛火　哽咽着。

上海悉尼

寒冷的噼啪声里
树木或凝固
或赤裸——战栗的
赭红　不很几何

一切安好
脚下的人行道
听来更坚硬
悄语的叶子
易碎　一堆堆　嘎吱作响

一切安好

重生
在这个半球
这个星座里
龙年
正确的标志下

我跨过了那条线

被移动　被移除

被与命运重新联结

（永不过迟）

种种机缘　占卜者

讲述

虹膜学家看见

诗人阅读

我一切安好

酣然饮尽我的际遇

走过家园

裹进它们

顾望展开的生命

在亮着灯的窗外

聆听万籁

林间的蝙蝠

脚下的树叶

我的呼吸

行过令人惊异的谜

拾起一朵

在这儿　在我手掌上

祈盼我懂得赞美诗

或感恩的祈祷

为一切

像那只蝴蝶

像那只蝴蝶

醉饮太阳

我要它的所有：

我的太阳！

和碧草

和扶疏的叶子

茉莉的阵雨

紫薇

明澈的天穹

眼睛张大

蔚蓝的祝福

涌进

混沌理论

一圈圈的紫藤曳着芳馨

白的紫的淡蓝的礼赞献给春天

花蕾绽放

疯狂的蝴蝶从头顶

疾驰过看不见的航线

转起U形弯

悬挂失重

蜜蜂在繁花间忙碌

春天森然逼临　携着它的汁液

它的冲动它的新绿

世界用喙整理羽毛

从水汪汪的镜中漂出

漂荡在百合的池塘

棕榈叶款摆

那般轻盈

由此：世界已将

一缕芳馨一段伸出

篱外的柔枝

化入扑打的翅膀。

言之成理。

五月里的油茶

金色末梢一眼也不眨的睫毛

在一张张花颜上

凝神

于绽放　于悬浮

历经迭现的

寒流

被掖进绿叶

的永恒

在散落的千金藤花瓣上

给践踏至死

它们仍执着于

颂美

当下

一眼也不眨

我知道这种感觉

从笑声边走过

从笑声边走过

在某人的花园里

走过鲜亮的伞

和空荡荡的秋千

枯草上

紫薇蓝色的钟

行走着的不情愿的自我

空荡荡的天空下

灰

枯

静止的风

静静走过

从某人的笑声边

河

到底是什么使她度过
那些年?
真的不是他
熟练引航的那只小船上
的种种羁绊?
　　有人曾把生活称作
　　“爱之河”

鸟啼　犬吠
薄薄的诗集窃窃私语
他们交谈
做爱　争吵
达成共识。她
因压抑而愤怒
他不屑地耸耸肩
她一面涂鸦着不满
一面释然　鸟仍
在唱。他偶尔

腾出时间　告诉她

岸上的东西

不值得她关注

她聆听声响

话语　凝望

晚霞的征兆：太

暴力。但　太阳又一次

升起　为了他们　她

从未试图采撷

星辰。简单的话语抚慰

她　像流水轻拍

我们叫孙子孙女

我们叫孙子孙女
用自己儿女的名字
（索菲常是凯蒂娅）
我们担心他们的教育
并非因为我们是专家
但不读托尔斯泰
你们能有所成就吗？
没有艰深的阅读
你们会有所成就吗？
他们说知识
太浩瀚
“只去掌握基本的。”
艺术是基本的吗？好吧　好吧
他们学历史　学古希腊文吗？
通读文艺复兴、印象派
现代艺术吗？“没时间”
好吧　好吧

别担心，她错不了

人们说她聪明

但时间至关重要

什么时候是大好年华？

对学习

做事

或仅仅是观察而言

有钱有闲有身体

一个慷慨的祝福

赠给他每个归宿

愿他们从无可避免的错误中学习

我们不曾那样

她的小男孩现在成为男人

她的小男孩现在成为男人
成为女儿们的父亲
那些女儿是她的孙女
一个老去的孩子的孙女
时间玩弄它的把戏：
闪烁亡逝的恐惧
扭曲记忆
痛着稚气的痛
世界新闻退
入昏暗的角落
某人　另一个地方
问题无关意志
而在于状态。一种宿命
他们过去总说：
一切被书写……
不过，没关系
她不会任其左右
——她将更好地吻它

星期五晚餐

被告知不要问问题
她咬住舌头——探寻
一张脸　注视着眼睛　大大的
明亮的眼睛　变得　黯淡
看向别处　气愤的

未被回答的问题
我们从没问过的问题
溃烂　随即传播
乃至通过电话：
“你不在家吗？
要过夜吗？”
谁知道这带电的空气
不是下一代喧闹的嬉戏
而是某种难以捉摸
的年轻造物的颤抖？

而狗叫着　六岁的小小人儿

边吃面包边祷告

十二岁的小人儿坐得笔直

炫耀初萌的乳房

照片传来递去 “真漂亮！”

“看那儿！”有三分熟

和七分熟的牛排

还有大地的果实

闪烁的烛光连接

一代代热忱的信徒

无一人在这里。不被回答的问题

使心口灼热 胃酸灵无法

缓解。幽禁在纸上的秘密

结成暗暗燃烧的导火索

伸向毫无警惕的词 焚烧手制的

美丽笺页

她身旁的座位 有时

争来夺去 却空着

孕

孩子暖暖地明亮地笑着
把米线落在脸上
妈妈乐出了声　乌黑
的秀发被撩起　盘绕
覆上　苍白的
颧骨。年轻的男人
我的儿子　端上几客
热腾腾的荞麦粥
话语飘荡　蒸汽般
自如　　在不时
碰撞的眼神　姿态
体温里会意

溅落的酱汁
圆桌上绘出纹样
眉眉，我的短毛母猎犬，撒着欢儿
在我腿间调弄着她天鹅绒似的耳朵
挂篮里蕨类繁茂

几声笑

几句傻话　孩子

咏唱——妈妈

要吐。他们用

斯特拉文斯基伴咖啡

我呷着喜悦　它因

一个新生命的孕育而馥郁

塔莉娅的宴会

“这里面只有几个。
其余还没备好。”
“标致。你看起来像
蒙娜丽莎，我说真的。
看这个少年表情多迷离。”
“别的照片上也有他。
喏这是他给我的东西——
可爱吧？”
“给我瞧瞧，给我瞧瞧，塔莉娅。
这是友谊项链——
看见链上都是
小环了吗？”
“她七岁就对
珠宝样样知道？”
“可不是。”
“你跳了一夜？”
“是……等不及
别的照片啦。”

“来，为塔莉娅
的十七岁干杯。这是你的春天，
塔莉娅。十六岁伟大，
十八岁精彩，
十七岁很特别，
我们祝你……”
“肚子……我肚子疼……”
“怎么啦，娜塔莎？”
“我肚子……妈妈……”
“你妈一露面
你就哼哼唧唧！”
“不，不，她刚吃过除虫药。
好啦，塔莎，哪儿疼？”
“肚子，这儿。”
“除虫药？她多喝
水没？那药有毒，
你知道不？”
“他们怎么知道她有虫子？”

“他们在她屁股里看到了虫卵。”

“求你啦，别说了！我正要吃东西呢。”

“是啊，这个夜晚属于塔莉娅。

多棒的烤肉。咱们好好品味吧”

“等一下。我有本书，里面记了些老方子。

在这儿。我‘除’字，除疣：用青蛙

摩擦肉疣。反复数次。

除虫：取刺猬之阳物。

与辣根一起冲泡，

于每餐前饮用。”

“妈的到哪儿弄刺猬？

阉了那可怜的东西怎么样？

他们从没听说过动物权利。”

“这是除皱的，人人皆宜。

以小便调拌蜂蜜。均匀地涂抹

于面部、颈部。直到其硬结。”

“哦，别说了。”

“好，不说了，塔莉娅，我给你读段关于爱情的。

听着：若无法吸引意中人

即饮之以小便。

屡试不爽。”

“可怎么才能让人喝那个呢？”

“我觉得可以把它伪装成别的东西。没关系，塔莉娅，你用不着。”

“听着，我都吃不下去了。

你们弄得我都没胃口了。”

“对不起，塔儿。

来块儿蛋糕吧。”

托尼在开车

托尼在开车
驶过坚实的路面
穿越秋的仪式：
草地　树墩
被风吹得枝柯横斜的灌木
一丛丛赤裸的橡胶林
战栗的翅膀
戚戚的浩荡的风
缀着绿斑的铁锈
穿越移动的阴影
……我们寻索灰色的云
给天气

主要是　听
每种方式四小时
故事　流言
一个风趣诙谐的人
在这迟来的日子　　以

蓄满柔情的眼睛

看着　他的孩子我的孙儿

欣然于爱的

慷慨……

驱车向堪培拉

在那儿在国家美术馆

沉浸于

透纳的画

流荡的海

动　　静

苍穹守卫秘密

碧海晶波拍天——

一切被消融

一切被建立：

永恒的现在性

游移的光线

室外远处

薄雾飘逸

透纳会钟爱它

借自他的视景

有喷泉

连天

覆一重灰

白沫腾涌

宛若天宇融化

尚未诞育的虹霓

汩汩注入

脉动的光

幸福是件古怪的事

幸福是件古怪的事……

收音机里的肖邦

伴着

稀少的行人和车辆

人行道上的女子

——都是女孩

流动如音乐

车过公园

印象流连不去：

一片广阔的绿　草之绿

和远处的蓝

还有几只快艇

穿梭

　　当帕格尼尼接任

　　小提琴化作肉体

　　铿然有声——是鸡皮疙瘩

　　太阳的鸡皮疙瘩

　　及风

　　及流动的行人与车辆

记 忆

孩子们去参加朋友的生日会
他在发狂。人能做什么？
前行的人生。毋宁是狡黠的退却
目的在于强健的大脑
在于寄寓其间的感受力
那还在吗？还部分存在吗？难说啊

记忆——我忘了朋友们的名字

有关脑力活动的书籍
抚慰　逗弄　规定的锻炼
（不是预防阿尔兹海默症）
和听收音机——一个富于启示的故事
讲鸟的：

喂食期间被落下
没有工具获取食物
一只鸟设计出个钩子

用根松动的金属丝。

谈鸟脑！

我们尽力握住往昔
当昨天的记忆
化作灰色的雾
然则从一个安全的贮藏处
从二十世纪初
学会的三种语言里
我取回诗

画中的她

她溶入镜中

澄澈如云

黑发扬起

他见幻影飘逝

光线变化间剔透玲珑

她溶入镜中

他掷下古老的咒语：

我要占有你的全部

黑发扬起

我要有血有肉的你

别嘲弄我　我此刻就要

她溶入镜中

画寄到了

朦胧的臀部硕大的梦

黑发扬起

我高兴他得到了她

——肉体与大气的造物

她溶入镜中

黑发扬起

诗人的画像

横越大洲和时区

拉丽莎笑着——那些诗并不很成熟

不过我成熟了。尽管我不会

打坐。

她九十二岁了　她已活过

泅泳过博斯普鲁斯海峡　给塔希提岛的太阳晒黑

骑过朝鲜的种马　爱过些男人

爱得没必要地深

年轻美丽的拉丽莎　人们曾为她海水般碧绿的眼睛歌唱

莎莎依然青春　咔嗒着她的卡斯塔纳①

醇厚的有岁月的酒

陶然于自己

梦着奢华的梦

毕竟　我们谁都不　是我们所似。对吗?

她的猫高兴地呜呜着　花园葳蕤

人们慕名来访

① 即响板（castanets），来自西班牙安达卢西亚民间舞蹈，在手指击打响板的过程中，强调舞步与身体、脚步与情绪的协调配合。

有来自敖德萨[1]的年轻记者

有来自伦敦的旧友 “哦，是的，是男人！”

她照着俄罗斯的方式每餐饭都做得丰盛

奉上往昔甘美的记忆

……诗拱出自己的路。终于！

她答应完成她的书

——在属于它的时间

我们轻笑因我们与众不同的生活

因我们抚育又放飞如风筝的梦

以及莎莎处理微妙情境的

天赋

① Odessa，俄罗斯港市。

她梦见自己

她梦见自己
走进列车车厢
和几个诗人同行
还有个陌生的女孩

诗人们写作
是　日常
他们谈成功
压力和心境

那女孩　专注
于别人的生活
这气氛被破坏
因诗人们的傲慢

她乘车
要去哪儿？
她是他们中的一员

飘荡如气球

她倾泻自己
借着石蕊纸
——颜色不对。她是？
她是属于他们的吗？

那女孩　一个陌生人
有种沉着
她是她自己
她栖于生活
轻声说：
我已发表过　一些

列车抛锚
气球爆裂

肥皂泡

工坊进行时

诗：

一个清秀的女孩

拿起铁锹

去奶奶花园里挖掘

她触到块石头

她继续干下去

挖掘　挖掘得更辛苦

点评：

唔……当然你用了

正确的词汇。而且如此具体：

锹啊……石啊……等等，咝擦音！

一首有趣的诗　带着童谣

的回声。

她想在奶奶花园里

挖掘……你记得

奶奶吗？她有个大花园吗？
不。唔 她是位率直的女士吗？
你以前对她了解得多吗？

　　也许这首诗意味着
你现在准备挖掘过去……
把事情翻出来尽管障碍重重
　　有石头……是的。

　　再去挖吧。你有
很多可能性。你是个
清秀的女孩 还有奶奶
……和铁锹……是的。

把这些都写出来吧！

能写成诗的……

如果你能写出
你的男人为你最好的朋友
离你而去
的那份创伤，写出
打算追求你
的孩子却又
将失败归咎于你
的所谓朋友……
如果你能找到
词汇　天然如你
的喉咙
（总在呼喊）
敏感如你
红肿的眼睛
疼痛如
和你的　她的男人
作战后

身体里的每根骨头

你就有了适宜的

经验。

大提琴

大提琴本身不大
但一切尽在其中：
宛如我一度以
华美的文字状绘
夜与海的声音。
声音是出生的运河
通向被护卫的青春
的子宫
通向脸发烧
阴部变湿的痴迷
因一个男孩和他的大提琴
……他天鹅绒似的眼睛
还怎么说?
而今我们的萨沙，七岁，
拉着大提琴
运臂俨若王者
我们鼓掌喝彩　一闪
一闪的小星星

游戏结束

给瓦莱丽·扎姆

她一边聊天一边
应对困难的牌局
敏捷而果断　在
潜在的陷阱间
逶迤前行　照亮故事
以出人意料的幽默
也许是机智
为与表现匹配
一部生活的戏剧
成熟的奥菲利亚
把她的苦痛掷向王子
或　他不在时　抛给
观众

她们选定桌位
避开风口
来杯酒吗?

她们交流自己的生活

用善听的耳朵

和关切的眼睛

她们话题广泛

外加无害的八卦

女人最长于

友情。当然！

也容易发脾气吧？

　　　　真的吗？是吗？

她们转换着语言

转换着角色

严肃的女人们吃着

午餐

瞬时

给莉娜·奥斯特洛夫斯卡娅

瞬时　这个词
有不好的名声
因瞬时咖啡或瞬时判断
不过一见钟情
感情的闪电
依然清新
她是物理学家和诗人
似乎理解
物质的本质
引发一种渴望
渴望遁入层层轻霭
想象　隐喻　暗示　刹那的
洞见　捕捉
科学的头脑。我们之间
是瞬时的友谊
跨越年龄界线
的礼物。印度茶

凯·瑞恩诗中的神奇

与庄严　联结两种语言

的诗。时间是像书页一样

可以浏览的物质吗？

我们能解码

不能名状的一切吗？

翻 译

一天都待在厨房

切剁，塞入填料

还有急需应对的哭泣的洋葱

一段国际新闻

之后

开始读诗

一份俄文礼物。

……“静默”麻木的手

任夏日的针滑落

……我无权得到

窗外寒冷的火

焰……所有人都离去

脚踵叩响砾石……

在这残忍的和平里

记忆重要吗？

感官，暴露在前排

因而免疫，

溶解　流动　伴着毫不羞怯的

铿锵　顿挫的诗行

（时而空灵，时而瑰丽）

一根针滑动

穿过死皮

拽着那线

消逝的夏天。

在我八十九岁生日时

在我八十九岁生日时
他们把我宠坏了：
那些暖心的贺卡
和考验我品位的
时髦的冬日穿搭——
一条华贵的围巾
到沃夫冒险
的门票
几本书
年轻人不会读的那种
和一些可爱逗趣的礼物
我从不需要
却又稀罕地保存在抽屉里
还有礼品券

我要去商店

好吧……

不再拐弯抹角：

我看到了一件顶呱呱的

又软又暖又漂亮的

红色针织套衫……慢着！

我知道……不能轻易出手

虽然出格的欲望令人

跃跃欲试……我把它放在一边

可是太喜欢了

随即说——没事！

在出口

售货员

她曾一直鼓励

我

微笑着说：

离开了舒适区

觉得陌生吧？

判 断

那也许是部

美国电影——

惯常的三角关系：

妻子不忠，

我的意思是，沦陷于爱情，

激动，

抗拒诱惑，

又屈服：

坏女人

妈妈会说：

不道德

会说：

恶心

妈妈会反对

我当时

也……

在看这部电影前

曾津津有味看

他们约会
希望她不被发现。

上帝啊！

上帝对此
无能为力，
这丝一样的狂喜，肌肤，
醉人的体香，
感官脱去
紧张
紧张化作
幸福。

多年以后，
想起我的反应，
我漠然
以妈妈的语调喃喃：
恶——心——。

旧址

此刻驾车穿过格林尼治

距离吞噬往昔

记忆挤进——

激情不害羞的炫示：

娉婷的年轻的树

热烈给所有人看！

树影印在泼洒着阳光的路面

变幻出七巧板似的图案：

以前是吗？为什么呢？为什么不呢？

猜测曲折的情节

在圣文森特路转弯

冒失地匆忙经过

神奇的既往

现已苍白

若彩色排印

当会怎样

味 道

那位建筑师说：每个房子都有味道

像每个人？和每朵花？

如蜜蜂酣足于秋日的林荫

饮时光借予的记忆

在数十年的岁月里……

一头浓发黄如稻草

俯身向我以味道浸没我……

后来怎样了？我真的不知道。

迁 变

祝福你健康

　有热腾腾的干粮

和宁静的天空

——乌克兰谚语

父啊慈悯我们

在天主堂

——奶娘带我去的

——瘦削的膝下

石板很硬，

直凉到额头。

她低声吩咐：祷告。

俯下身，放松，

抚触地面，

和那老迈的神父

一起唱：

父啊慈悯我们！

她叮嘱：

别告诉你妈妈

我们去过教堂。

她说：

六点，你的祷告

直达天堂。

当生活玩弄
卑鄙的把戏
我祈祷。
当死亡变臃肿
面对残损的躯体
我停下。

然后祈求花儿
在灰烬里成长
祈求变得神圣的石头
凭借盲目的信仰

我站在一个
孩子坟前，
和疯了的朋友
一起坐下

结局，他们说

仅仅是开始。

可我把为什么掷向所有听者：

为什么？为什么？

只有奶娘的耳语

滤过扭曲的岁月：

祈祷直达天堂。

父啊慈悯我们！

等待生命出现

在一个不因信仰不同
而分裂的家中
在一个因依恋
而愈益信赖
牵系从未松弛的家中
尽管……不管……
在一个所有问题
一觉醒来烟消云散
孩子都懂得
科学是万物
之神　却又思忖
美也事关重大的家中

一次在夜里在赤裸的花园
她看到闪电笼罩
战栗的枝条……
清晨的树上
缀着粉色的花
　　　　于是她开始
和上帝交谈

关于上帝的讨论

关于上帝的讨论
并不认真　也不在
家人间。他们不
在乎。亦不和那些朋友讨论
他们甚至不被允许写
上帝之名。充其量
写 *G-d*[①]　信仰者

亵渎上帝的言语。我曾
担心
将我信仰天主
的父亲引入
死罪。警告他
说了太多
当时我多大？十二岁

① 即“God”（上帝）。

后来大屠杀
使我成为犹太人　尽管
我一直就是　按耶路撒冷
有识者所言

可之后在悉尼
儿媳却担心
我的犹太性：
我不祈祷
也不过节。好吧……
我的确做饭　但那
大概过于俄罗斯了

人生复杂难解
因为何为我
或将使我
可做希特勒暴徒
与犹太拉比

这是礼拜天

一个雨后的礼拜天

门铃响了

耶和华的见证者们

在推销他们的报纸：

每人都问的问题

我不问

也不渴求

他们的答案

至于我那些信天主教

的亲戚们……他们怎样了？

我本该融入他们的

幸存者计划吗？犹太人……

在被占期间

德国人　善恶大决战

我能在哪里融入

上帝的计划？

如果他有

如果他在那里

大写的　被深爱

被感恩或指责

真实的或影子般的在场

也许被拒绝相信

（虽不无希望）

谁知道呢？

爸爸临终时

咽下圣饼

咽下背弃

妈妈在沉睡中逝去

被一个犹太人的梦抚慰

而我仍在这里。不很

忧惧

死后的灵魂

或许也有点

篱笆外面
孩子们嬉闹玩耍
笑着叫着。循环
我纤柔美丽的
紫薇慢慢地
开花了
它绽放、凋零
凋零、绽放

这是答案吗?

一百次被夺去心爱

一百次被夺去心爱

伴着恐惧

我再次走入

绝望的圆环。

我曾否定我的上帝

曾挥动拳头

捶打自己的胸怀

复又乞求慈悯。

我，这背叛者，在黑暗里

寻索光明，

守候些微

改进的迹象。

……主啊，与我同在……

主啊，我不嫉妒

主啊，我不嫉妒
不嫉妒你灼烧的太阳
犁破沸腾的云
不嫉妒四周的蓝
懵懂于这撼人心魄的景象。
画面在荡漾。存在。
或许，你即如此……是吗？

在残留的微光里
阴影在围拢
当巍峨的穹隆
化作百担的
黑暗……主啊？

背叛

教皇的访问（2009）

那位德裔教皇
曾在奥斯威辛祷告
叩问仁慈的主
——这何以发生？

回答悬而未决

尽管我们知道：
英国的轰炸机
将德累斯顿[①]夷为平地
却从未瞄准
那通向死亡的铁轨
那吐着烟的
焚尸场

① Dresden，德国东部重要城市。

没有一个国家赶着

接纳犹太人

自由女神

微笑着她的微笑：

——给我你的劳瘁

……暴风骤雨中的颠沛流离……

……我举起灯……

光明萎落

百慕大会议

封印了他们的命运

被接纳的寥寥无几

奥斯威辛　2009

祷告　相机

被鉴定的忠诚

亲吻教皇权戒

当时还有一次追思纪念

在华沙犹太隔离区纪念碑前

但教皇的日程里

没有包含那次访问

乘车经过祈祷

和哭泣的人群，教皇挥着手

蛇被诋毁

蛇被诋毁，
我们都知道
夏娃，得到上帝的垂听，
呜咽着说：是蛇告诉我的，
这使他遭受惩罚，
而他所想的
只是给她些知识
和新的菜肴
尝尝鲜。

因此，他们被逐出
伊甸园。夏娃
和她的侣伴
被放逐尘间（看
他们都做了什么！）而
那可怜的巨蛇（现已沦为蛇）
注定永远在污垢和泥土里
匍匐蜿蜒。

不过，他善用这境遇：
柔美，光滑，绿色
的闪电射穿沉重的
植被……迷人地
盘起　闪烁如揩亮的铜，
以纯粹之美的漩涡
征服设计者。
曾经，异教神话尊崇
巨蛇，但基督教
有不同的观点。
那么，有什么新的？
诅咒一成不变：
蛇一样恶心……草丛里的蛇
……舌头分叉的家伙……
不要拥蛇入怀……
他真的努力过，留心
自己的事，和着舞蛇者
的笛声而起，作为

巨蛇　浮出

土著的传说。

看，他们在朝鲸鱼行进，

在向鳄鱼聚拢，

宠溺犀牛　钟爱河马

我想，时间已到

该为蛇恢复名誉。

可悲的

一个可悲的词击中、打碎屏幕
一枚石子　子弹　萌芽的种子
心在衡量虽胜犹败
和虽败犹胜以及伤亡和匮缺

正确征服错误　尽管它催生贪婪
和变异为耻辱的偏见
众所公认受伤的总会流血
但一切本质上依然不变……

这个国度呼吸　流出遗憾
喜悦和希望　及许多外来思想
真实残缺者被安全网捕捉
观念繁茂　其他的干脆腐烂

在哪里我们成为玛蒂尔达？领舞
按照国歌里的承诺　我们前行

报纸上的照片

待回收的那堆
报纸上的照片：
一个女人的脸
被打碎的眼睛慢慢流出
大张着呼号的嘴
她抱着孩子
今天他们还活着吗？
是在萨拉热窝还是斯雷布雷尼察？
……那张脸

它是辐射
还是那浅薄的教义
爱你自己？
像电视转播
消瘦的皮肤变成藏身处
——我的盾牌和甲胄
在那里他们一无所有
无处可藏

在卢旺达在格罗兹尼无处可藏

在巴尔干公牛们的强暴集中营无处可藏

媒体更迭着恶棍与英雄

形象模糊　扭曲　消失

当瞬间的忧伤尽逝

我的背隐入盘旋的水流

桥下的水啊　翻腾激荡

漫过黝黑的头

手抓向空洞的大气……

而我在写诗

2009年，即十四年后，一些杀人犯和强奸者被审判。最高刑期：二十五年，服刑十二年后方可申请假释。

炒作

他们说——不要仅仅沉溺于
灵魂探究。那是手淫。
什么是灵魂？事实，拜托，细节
和事实，如果更深的意义
呈现——那很好。更深的意义？
譬如：人本质上是上帝的造物……
上帝是事实吗？古老的圣徒抗击
邪恶，斋戒，征服肉体
倘若一个圣徒被野蛮人杀害
伟大的宏图就臻于完满：
致敬，新的殉道者！

在我们的时代黑白难辨
被谋杀的谋杀者算得上
殉难吗？如果正直
需要宽恕罪行（权宜之计）
那谴责落向何处？假若
罪行要有报应。

你曾逃出集中营

逃出监禁，曾闭紧嘴唇

抑或为邪恶唱过赞歌

你曾睿智，或懦弱

——多数情形两者兼有。

而今生活是慰藉和话语　话语　话语

被事实弄乱，你被侵蚀的信仰

能支付起灵魂探究的奢侈。

给丹娜

也就是说，她现在结婚了，在给他做饭……

那不是婚姻的一切!

婚姻关乎一切

一切关乎任何与无

关乎尝试失败再尝试

关乎后悔

激情呢？当然在内。

关乎努力将头扬起

水化作酒抑或反之

关乎节制与沉醉

及两者的美

美！那是婚姻的一切：

美，对不同观点报以理解的美。

假如你能。

火山和诗人死去

火山和诗人死去
化为驯服的山脉
或男人和妻子……

当压力撕裂山的腹部
火山口喷吐着黑色蒸汽
燃烧的岩浆奔涌而出
熔化了岩石
而今欢快的溪流在岩间潺湲
（明澈的水珠闪耀在某人发端）
一只青鸟回旋　飞落
在青青的小火山口边
大地睡去

每天她漫步平坦的原野
平坦、黝黑的原野　没有颤抖或跃动
坚实而平坦
虽然已是春天

紫薇舒展如旗

风逗弄着树上的紫花飘落成雨

新的鸟儿鸣啭着年轻的欢乐

沉醉于点染着阳光的空气

她漫步坚实的原野

发现万物　既可预见又变化万千

她是可以预见的：老去　成婚

她的大地——平坦

礼 物

作为礼物　他们

来短暂地造访

因工作或长途旅程

精疲力竭

他们行色匆匆

随即厌倦

没有附加责备：

人生苦短

　　他们站定

　　说　爱你

　　而不是问候

　　再见

　　爱你。　离开了

他们是另一种人：

已到中年的年轻人

把他们的孩子推进

生命的收成

我们太老了

打了太多仗

输给大自然的不幸

试图拥抱我们自己的一切

握紧高傲的碎片

也握紧他们

超载的记忆

超载了　太多了

当它变得过多　你就删除

我们的儿子这样说：别担心

当你忘了名字　事件

你已将其删除以便腾出空间

因为你的记忆是把扫帚

清扫各个角落。好吧……也许

我还捧着一大束花

充满灰扑扑的阳光的芬芳

尖利的甜味儿嵌在某个

幽暗的隐秘处至今多年

那里古早的火车在铁轨上喷着气

我埋进紫丁香里哭泣

当塞奇的目光握住我的目光

沉默在呼吸

沉默在呼吸

伴着众多人声

我的皮肤

被心不在焉的抚触点燃

　　　　　　心不在焉

一切在歌唱

和着深夜公路上

迟来的轮胎

压扁的最后的青蛙

　　　　　　盘旋

睡眠流

入冷冷的枕头

蚀

事情变简单了吗
当时间萎缩
当杂务耗时更多
而思绪零落？

怀念：卷进
别人的生活
老去的柔情
锐如别针
被新的疏远吞噬

没多少要紧事
除却对损伤的皮肤
的刺激
累积起过敏
对种种事
它们本应该变得
简单

找到和失去

闪烁渐暗的灯盏

造成小小的黑暗

盲点

微短路跨接

塞满文件的存储体

空白

在电极间强力搜寻后

摸索

近乎带电的导线

慢慢地

重新抑制住火　醒来

又打起瞌睡

近乎开始搏斗。

开关的跳动。

不。跳动的开关。

在宽敞的前厅

充满错杂的阴影

活着的，死了的，

跟随那将断的线

寻找消融已久

的自我

在呼喊　在传唤

在老去

瘢痕组织

　　横亘我的手掌
几处划痕在掌纹图上
线条清晰鲜明
暗含的意义和隐秘的线索
被译成密码的信息
给割破

老友们宽慰我说：
手掌不可读
但你一定能
知道你的命运！
一种可疑的智慧
情节仍在
愈渐明朗　慢慢地

阳光涌入高高的窗
雨的序曲播响葳蕤的叶
但见风攫住呼吸

那吉卜赛人承诺

血暗示

旅行和爱……

流产或谋杀呢？

她看到小径

穿过枝桠交缠的树林

但忽略那些倒伏的

我们珍贵的影子

她说：我不能

理解这些词

无论是什么　不要去往北方

飞渡水域投向光明

她说：你的人生

是彩色的风筝

握住它无论它转向哪里

老去的双手累了倦了

新的瘢痕灼烧

重 写

告别

我的紫薇

只是泛泛之交

的鸟儿

这些年几乎不认识

的邻居

搬入

新的生活

置身于富裕的

欧裔

居民间

在东海岸

“现在”将自己

重写进“过往”

记忆玩起

欺骗的把戏

——已将

绿茵茵的天鹅绒

覆上瘢痕累累的大地

当紫薇褪去陈枝

即将破蕊

冷 水

你觉得这些该
翻过来洗吗？抓绒
运动裤，我的
紫色开司米套头毛衣，
那件漂亮的旧罩衫——
很贵——我去年买的，
大约也在那个时候我写了
篇文章，激怒了
老同志，当然，
古老的忠诚，也弄脏了。
因为到时候了。冷水将洗去
也将复原很多东西吗？
比如种种气味。
你的伴侣皮肤的气味。
一些气味令你狂野。
但那是另一个故事。
不管怎样，你一定要用温和
的洗涤剂和冷水。

冷水管用，当它泼向
醉鬼。而某些忠诚
——恰恰只是酒醉。
法语里的*ivresse*[①]，味道很冲……
很持久。不过要为它的消散
做好准备。我至爱的爸爸错得
那么深！但也精彩——
把世界分成黑
和白（事实上，是红），将自己置于那明亮的区间，
你的意识形态——引航的星辰。
当然，你的确有时
在生命的中途发现世界，
开始看清色彩的层次，
做出选择。除非你
无望地受制于某种奇特的
疾病。但当颜色

① 意为“酒醉”。

褪去而形状消融

你开始最渴望

心境的平和，

对事物的笃定

而其却变得那般迷离

无从把握……

突然间你老了。

不用挂念这

和那。只在

冷水里把它们洗完。

迁 变

这园里长过
黄瓜和兰花，
深蓝色的风信子，
一架草莓。
勤勉的手
剪枝、嫁秧，
捉住滴落的叶子
在朦胧的彩虹间。

娉婷的美
和攀缘而上的玫瑰
结出华美的名字。
都已逝去。
而今桉树凌霄
斑白了枝头，
竹子侵入花床的
隙地
紫薇曳着

羽状的枝桠。

他们争吵
在飘忽的灯影里，
指责彼此
最黑暗的背叛，
翻出昔日诺言，
今已否认，
弃去那弯彩虹：
那飘荡的孔雀，
那天流走
——一个无人领取的礼物——
在这旧园，
在这渐已芜没的后院。

她宁愿……

她曾说——你有
了不起的人生。原更
倾心于有尊严的弧线
……那些跌倒，营救
那些锯齿般的起伏。她宁愿
渐次进行以便休憩
躲避　干干爽爽
——干洗吗？为什么不呢
　　有过酸雨
　　污染的水域
濒临倒塌的桥梁
　　　　　　……公民权是特权
　　　　　　不是权利。我们不必
　　　　　　公开我们的信息
　　　　　　我的建议是不要再
　　　　　　申请……
桥梁跨越裂隙
在追随者间

她曾抱有信仰

她曾甩脱信仰

太多质疑

太多犹疑

……保守派变了

又变。一些人的英雄

另一些人的叛徒

……你在《新生》

写过那些文章？……是的

当然　那是1946年……

时移世易

失望

害怕　痛苦

她宁愿拥抱

有尊严的弧线

平顺的发展

步入生活

过得简单

曾经我能计划或行动

曾经我能计划或行动

凭着冲动　感觉

不差毫厘

曾经我投身生活

每次呼吸都是光明的确认

曾经我知道有秩序

和正义以及

混沌和背叛

曾经……我怎么竟那般

盲目　那般异想天开？

曾经甚至同情的苦痛

也带着一丝自恋

曾经我知道将有

明天去改正一切

宽恕所有人　并被宽恕

曾经我累积财富

以及名衔和奖杯！

看重美丽的东西

认为自己很美

曾经世界是

一个伟大的幻象……

我叩打紧闭的门：

芝麻开门

我不曾在一个地方生活

自那以后我不曾在一个地方

幸福地生活

不曾养育一大群孩子

没有自己的

生涯

不曾足够固执地

追寻自己的激情

不曾偶尔沉溺于

肉欲的风流

不曾按照自己的

计划和安排旅行

不曾充分研究

或学习

不曾培养个性

去成就事业

不曾有足够的智慧

知人识人

不曾驯服狮子

蛛网

蛛网明灭着微光
在轻风里摇曳
一个个夹子将冒失的造物捕捉
几乎不见一根丝线

蛛网是消逝的话语的回声：
是在脑海中呈现并说出的
“被这样孕育”的人的思绪
朦胧而又富于吸引力的场域
将它们的猎物诱入死的舞蹈

蛛网基本寓于声音
寓于晦暗的内容。它们的意蕴
生自某个被低声说出的有孕育性的词
恰好被捕捉记录　粘住

记忆库　数据　数据
诠释死一般的重量：

太直接的　异端分子

修正主义者　富人

穷人　刺客　贼

和绸纹　纹绸：

水果羹[1]筑就的堤岸和流着奶

的河江入牢固的

钢一般的档案——冻凝

有生之年和旅行里程

致命地　对抗生者

---

① Kisel，在俄罗斯民间谚语中指一个幸福的乌托邦，那里在水果羹筑就的堤岸间奔流着淌着奶的河。

给詹妮

这有关生命：

蓟草和仙人掌，

丝绸和天鹅绒，

天鹅绒似的肌肤变成

羊皮纸，

脆弱如自我，它的象形文字

一个隐秘的代码。

风吹过剪纸

没有重量的叶子

赭红伴着金黄，

脚印印上

瑟瑟的落叶

听上去像肖邦

在旱季：

一声幽叹

心凋零为尘

最后的呼吸

失落于

门扉关闭

美丽凋萎的木叶。

夜是奇诡的国度

夜是奇诡的国度
空间膨胀
形体推撞
吃力的呼吸
刺激着死亡的空气。
这不是我
了若指掌的房间。
夜的谎
充满锋利的恐惧。
它们刺穿蛋壳
生命慢慢流出
液体凝成
月上的景致——
黝黑的环形山
亘于无月的房间。

夜延展，覆盖，
吞噬。物质

现在是静物画，
尽管细胞繁殖
依据秘密的编码
——而为此为彼
的几率是什么？
分子彩票
什么也解答不了。

夜是亡灵的国度。

毫无接触

一间冰冷的卧室
恐怖扩散
像恶性细胞。
听诊器似的耳朵
为刺耳的呼吸所苦，
一声呻吟，一个动作，
肢体的移动……
恐惧充盈。身体的接触，

睡意恣肆的胳膊

披散的头发的抚触，

温暖的脚趾一戳

将黑暗化作

安全的子宫。

仍有时间

迁延。

没有什么迫在眉睫。

再喘口气。

阿德莱德酒店

薄暮

蜕去我的白昼

驶过卡洛塔的奇迹

它的紫薇蓝着

直下天穹

那些粉红的树

守卫着幸福的家的入口

家：转动钥匙

开灯

穿过房间

花园：满园花开

而房间都空着

什么遁去了？

生命：展开褶皱

留下空白……

我想哭泣

为它的错

可那看不见的乐队

蝉声的小提琴

激越着对欢乐的确认——

来！融为声音

活着！

为舒适蜕皮

情节失败

格鲁吉亚漫笔

这是位格鲁吉亚朋友——
格鲁吉亚人是特殊的一类人：
他们骄傲于做自己
——好吧，是有意识——无论
名叫巴拉米泽还是达迪亚尼
他们都觉察到这一点——黑黑的
大眼睛的民族永远
在马背上腾挪，
跳来兹津卡舞
或身着袍服
款步如公主——在他们的想象中。
他们说格鲁吉亚人珍重
友谊胜过爱情。
他们说格鲁吉亚的恋人
总那么殷勤。帅气！
他们说格鲁吉亚的儿子最敬爱长辈。
哦！格鲁吉亚人
在所有俄罗斯人之上。

想想海湾

想想：

　　　　如果希特勒赢了
他们会把奥斯威辛的骨灰
碾成肥料。

如果太平洋战争
青睐日本，
哈尔滨驻地
进行人体实验的医生
就会被嘉奖，

但广岛事件发生了，
接着是长崎
——令人难以承受的
集体罪恶。

罪恶在我们心灵的
稻田疯长——如稻谷。

和平与救赎。而今。

不计代价。

波罗的海国家[1]呢？科威特呢？

和平。阿门。

想想海湾……

① 即爱沙尼亚、拉脱维亚和立陶宛三国。

呼吸

一

我的朋友说——
那时他们能做什么？
他们想必曾诅咒
一边呼吸着犹太人的恶臭：
即使死时驯顺
尸体仍固执地燃烧。

一个宏伟的计划
思虑周详，
虽不无杂乱
释放瓦斯，拖曳
焚烧尸体……
僵尸似的奴隶们
知道他们就将走向末日。

但，其他人呢？那些农民
一路　走过

成排的杨树

和黄花

和绿野……

他们的家是安全的

这些人

　　　知道

镇上的人们

　　　知道

在克拉科夫[①]教堂祈祷

一边呼吸着他们知识

的毒气。

不要说了！我的朋友说，

你与屠夫们为友，

他们清洗双手。

人们净涤亡魂。

---

① Cracow，波兰城市，中欧文化古都。

深呼吸。

有益于你的肺部，

一只眼睛观察：

为节省时间。

里面

　　毒气

　　　　　　放出，

拔掉他们的金牙，

搜查直肠，

扔到手推车上——

沉沉的　狠命推

炉火烧得红红的

烟囱呕黑了

天宇

上帝在那里端坐

他可曾看？

二

他们走来　走来

衣着集体的罪，

抱紧痛苦，

为他们的死者饮泣，

魏斯奶奶，

一位了不起的女士，

被剃光了头发剥光了衣服：

——跳上去，婊子！

美丽的罗萨莉

八个月时

被几只阿尔萨斯牧羊犬撕扯……

妈妈心爱的罗斯。

被地缘拯救，

如果不是因为

……上帝的仁慈？

一些人走来瞠目结舌，
将羞怯的孩子们
聚集在毒气室里
神父退后一步
——约翰尼，说“起司”……

加尔默罗修会的修士修女祷告，
拉比祈求
上帝的慈爱。

三

信仰注满碎岩
的裂隙。
奇迹？神秘？
他沿着小径
走过开花的
杏林……

石殿，

橄榄山。

粗糙的十字架

巨大的阴影……

天空低垂，

被摈弃者凝神注望。

信仰是上帝

投射忧心的界域。

深呼吸。

市 集

给亚历山大·索尔仁尼琴
1994年他从流亡中归来

凌晨

奥尔嘉走向垃圾弃置场。

上星期她发现一块蛋糕！

有人在享受人生——

扔掉那样的食物

曾经她在学校教书

时常出入舞会剧院

她将永远怀念的生活

如今成了这样

塔尼娅卖了她最后的戒指

结婚戒指

彼得死了

他会理解

约翰现在做生意

——经营童伎　是些男孩
他说他给他们落脚处
为他们做罗宋汤

观光客得到营养充足的孩子
他们将在哪里
若独自在街头？

市集外面
退伍老兵售卖旧装备：
子弹撕破的降落伞
因斯大林格勒战役获得的勋章……
观光客按下快门将他们摄入镜头

杜马的丑闻引爆
媒体挖掘卑劣与污秽
几百万美元之多
更糟的是

那笔钱流向哪里？

贪婪　苦痛　法律屈服

烟雾卷起漩涡笼罩大地

笼罩失落的灵魂　被损害的

旅程的终点

如果索尔仁尼琴已然死去

他将仍是先知

神奇的火炬高举生辉

嘲笑着俄罗斯母亲

信念与面包

活着的先知死了。

昨 天

我们去到伊尔库茨克

和那位搜集内务人民委员会档案的先生交谈

向他咨询有关埃菲姆父亲的情况　虽然知道

——身为子女　多年来我们已知道　——

他已逝去　但具体是怎样的过程?

一九三七年被捕，前一年他从哈尔滨

来到这里　像大多数哈尔滨人一样

被视作敌人……

这一次我们已将它称为

伊尔库茨克

他们出版死难者名录

他们仍在"B"字头上徘徊

尽管我们被告知

两天内他们会找到父亲

一个尖利的声音读着审判记录:

姓名　出生地　被捕日期

裁定：死刑

行刑日期：1938/03/25

我们追问　他的坟在什么地方？

——只有几处坑穴　他们把尸体抛在里面

死者的兄弟情谊

埃菲姆因无助的愤怒而恶心

他叹息嘶吼　我们的房间——成了牢笼

我们冲着对方喊——别说了！

——我做不到。他们为什么撒谎？他们

通知我们——却十年杳无音讯

然后又是十年——“他没有悔罪”

有杀人执照的生命的主宰者们

他们为什么不厌其烦地遮掩？

悬起一个希望　搓成线

而他已经死了

埃菲姆和我梦着集合的梦

他救下他父亲　及时阻止他们

他们仍在中国　他微笑着醒来；

——并非一切都已失去；

而我则降至绞肉机研碾

的结霜的白骨凝成的永冻层

退出血渍斑斑的地板

退向冻结着恐惧的墙边

退向不可信的签了名的悔过书

退向一九三七年的苏联

科鲁克·莉帕·彦柯勒夫

来自哈尔滨

外国间谍

同一天

他们抓捕了古伊塔

十七岁的国家敌人

妻子莉莎

一九三八年入狱

小莉莉娅

被撇下独自求生

一个苍老的故事　一遍遍讲述

埃菲姆的父亲，一九八九年被证明无罪

我们感谢那些将生命

献于恢复死难者清白的人。

爱国者

一

帕弗利克–莫洛佐夫，头发乱蓬蓬的学童，
有着粉刺、雀斑和热切的眼睛。
远在三十年代他们制造出
殉道者帕弗利克——不断讴歌
他对俄罗斯伟大的爱
他证明了这一点　当他
将自己的父亲指控。
也许是被某位思虑周详的老师
鼓动？祖国需要他，
她的神迹男孩——大写的爱国者。

夜漫入破旧的棚屋
它的馊味
沙沙作响的蟑螂的恐惧
饥肠辘辘
母亲，已成寡妇，
而那男孩，喘着气。

帕弗利克走向外屋
却永远触不到它的轮廓：
双臂被邪恶钉住
嘶哑的嗓音嘘出“人渣”①，
细弱的“啊”声遁逸
当脊梁折断如嫩枝。

于是神话完成：
献祭的羔羊步入他的形象。

二

举国上下的父亲母亲
都为自己的性命担惊受怕：
孩子们倾听和注视
——帕弗利克，是他们歌唱的英雄。

① 原文为俄文。

狂暴日子的回声——
皮雅特尼斯基日记
她也是一位妻子、母亲、
寡妇，后来沦为劳改营里
疯了的囚徒。
她记述了自己的儿子
对父亲被捕的反应——这头公猪！
肮脏的间谍！他们应该
宰了他。他们确实那样做了。
我们没有那个男孩在母亲和哥哥
被捕时说了什么的记录。
模式　情节　辅助情节
以及警觉的探子
遍布辽阔的俄罗斯
幽灵泛滥
非人的作物
虚构的真相
谋杀者——肆意妄为。

情节失败

《1812序曲》浩荡的俄罗斯之声
我们胜利了！焚烧　洗劫
立于我们深爱的故乡的泥土
长风吹散了乌云……钹音铿锵！

我的父母愈加不解
被大火铭刻
选择聊以慰藉的流亡
一个让人信从的赝品
只适于知识阶层
他们给自己开脱　因为信念
因为古战场上新的厮杀

他们是否曾认定
目的会使手段变得正义？
是否曾发现人生
是个疯狂的脚本——
循着它的曲折蜿蜒

握紧栏杆

凝视发疯的车轮……

希望闪耀

诺言爆裂

枪声响起

伴着《国际歌》

你不可以悲伤

他们是英俊少年

一

十二岁到十五岁

奔跑、翻滚

匍匐、攀越墙垣

在英武的教官

凝视的目光下

在无情的太阳下

又黄又圆的太阳啊

就像孩子们画的一样

但不是这些孩子

齐亚德描摹自己

生动而绝望

由臀到胸

都绑着炸药

那位教官解释说：

这是“殉国营”

孩子们被教会如何杀戮

自己和对方

自杀

他一眼不眨地说：

是的，我们在训练他们

他们的父亲也教他们

少年们正准备赴死

奔向天堂

而先知将迎候他们

以三十名处女

二

我并不朝向历史

而是朝向死

历史经营谎言

死是真理

我的人民在阿克萨清真寺里祈祷
另一些人在哭墙前摇摆
这片神圣的土地
据说曾是天堂
失落了　失落了
它降落于他人之地
水泉　树丛
坦克
我们拥有的是集中营

历史是个娼妓
总归开价最高的人所有
我将杀死自己
像枚火箭
去摧毁一切
尽己所能

举火向永恒

而先知将迎候我
以三十名处女

三

结婚　他们都曾梦想过
少男少女　在艰辛的年代
在苦难的国度　爱着　期待着
共度一生　在恐惧与枪弹间
过活　阿迈德和法蒂玛
手挽着手

他们笑着哭着在逼仄的车厢里
小侄女要吃晚餐
法蒂玛柔声地哼起摇篮曲
忽地一辆经过的货车在倾泻而下的曳光弹里爆炸
致命地精确　随即遁迹无踪

阿迈德　阿迈德　阿迈德!

他们杀了孩子!

四

脱下制服我能呼吸

在沙漠冲浪

在大地上远足

了解我们的历史

我们的黄金之城

这充满奇迹的地方

太多先知

水如酒　和平地分享

太阳闪耀

不顾

浪花漂洗血迹

他们愤怒

喧嚷、嘶吼的群氓

石头像枪

恨像炸弹　一样致命

自杀偷去我们的生命

——步入天堂

空中弥漫着哀泣的雾

小小的碎裂的尸体　一个女人跪着

我身体里某个东西碎成两半

——化作之前和之后　那次杀戮之后

我杀死了一个孩子

艾玛　我并不知道

我们需要长出另一层皮肤

在制服下

五

孩子们在糖果的雨中雀跃

男人们扣动扳机　“安拉　阿克巴”

女人们大张着嘴转动着湿润的舌头

呼号着　挥舞手臂　“杀死美国佬”

镇上的人们沐浴

在恐怖主义者的光辉里

先知在等候他们

以三十名处女

那是我的整个人生

……我们可以宽恕他们杀害我们的孩子，

但我们不能宽恕他们把我们的孩子变成凶手……

——戈尔达·梅耶

以色列形势……当地消息

我真的憎恶它——

那是我的整个一生：

动乱，又是动乱

暴怒，准头极好的石块

仇恨驱动的　纷飞的

致命的子弹。

一个十四岁的孩子被枪杀。

昨晚约尼回到家。

一身制服　苍白

沉默　径直走进自己的房间。

我等待着。

“艾玛，听我说。

当时他太近了——像死亡一样

头上套着黑色的巴拉克拉瓦盔式帽

一双眼睛向我靠近，睁得那么大……

我于是扣动了扳机。”

深夜我独自祈祷

为我的儿子

为另一个男孩子

和他的母亲。

昨天我死在特拉维夫的公交车上

不能联系起那人　那人
才在凉爽的家中除尘、清扫
把东西打开，兴奋起来
呼吸着甚至爱着：活着。

弹雨里我倒下
试图抓住虚无，想起：
炎热——灰尘弥漫——疼

不再——他们曾说——
不再没来由地因身为犹太人
而死。故而，只是区区几个。

被猛地摘落　从忙碌、充实
不安、温暖的生活里
充斥着高价，
政府的蠢行，莎朗的脾气，
和提尔莎的冒险，为妈妈的关节炎

耶尔的新连衣裙焦虑的生活　而昨天我已死去。

示玛　以色列

如纳坦·森德克所言

他又高又瘦　这黝黑的男孩
一名羞涩的募捐者
正在向大厅中的女士演讲
他说——我们1982年从埃塞俄比亚
逃到以色列　新的生活
对我的父母而言并不容易
但我成为自己祖国的士兵

去年在耶路撒冷
我在巡逻　我们两个人
走在一条窄街上　天还没亮
一位女士向我们招手——神色惊慌
她觉得自己看到两个哈西德派教徒
她把他们的去向指给我们

我们向那里跑去

很快我们看到了那两个人

正朝集市走去

我们大声呼喊　他们却不肯停下脚步

可我们不能开枪！

跑啊跑……那两人跑得很快

其中一人

突然停下

——我又一次呼喊：

站住！

　　我迫近

　　迫近　只有六码远了

他猛地停步　转身

看着我　只是微笑

那一刻我知道了

在医院过了几星期

烧伤面积超过百分之六十，我幸存下来

人们称之为奇迹

我们有优秀的医生

我在耶路撒冷漫步
听见孩子们大声地笑着
音乐流过敞开的窗
流过风和它古老的故事

我想起他
曾用软管冲洗那些苍老的墓碑
只留下
一朵微笑

你不可以悲伤

《远东评论》的戴维斯
愤激地说："你不可以
泛泛地悲伤：因柬埔寨
的残杀，因海盗奸污船民，
因勒令返乡的逃难者……"
他失去过一个孩子。
那之后我也没了一个孩子。
德里克，你错了
——痛苦有很多副面孔：

有些日子充满
他最后的忧伤
他的歌　他的谵妄
他不曾说出的话

黑暗处陌生的鬼魂
摇曳，扑灭我的白昼。

我祈祷　只要可能
就为一切　祈祷

是以我们现在这样

重门

既不成眠

适可回想。

我是怯懦的人。

我不曾亲吻爸爸

在他最后的呼吸之后，

当那些扰人的朋友

双膝跪地

为远逝的灵魂祈祷。

事后，我搬出种种理由：

那已不再是他，

我曾这样道。但那张与我

酷似的憔悴的脸，那患了黄疸

其色如铜又年轻得令人奇怪的身体

都是他的。他的基因里存有

我的秘密。但那时我却不曾

拥抱他。我是怯懦的人。

还和里奥一样……

我不愿注视

那冷却的尸体

在紧闭的重门后
我童年的圣诞树
依旧熠熠。缠在
玻璃纤维织成的纯真的网中
在枝桠上方伸展
它像刀一样锋利……
在紧闭的重门之后。

我自己的谢赫拉莎德
我编织故事，
将它们化为传奇
化为无梦的长眠
睡了一千零一夜。
紧闭的重门
是幽暗的林木。

退休后的布鲁斯

我和一个提升头脑
的男人住在一起：
栖息在转椅上
他把卡片
嵌条和剪报分开，钻研
探究西班牙穹顶
跟他的电子
对手怄气——棋盘
闪烁　他们陷入僵局
散落的页面上
不成对的鞋袜
和几件衣服
他追踪国际紧张局势
的动态。
意图吗？哦，不过是
磨亮他的心智。

他出奇地

固执

关于经济学　以及

现代诗

（被高估的自命不凡的玩意儿）

我知道这些论点可能变得粗鲁。

当电话喧嚷

家什嗡嗡作响

砂锅即将沸腾

调频广播呜咽着格里格

一句诗浮现：

　　许多年里一分为二

　　是种幸福。

关掉炉子

一件衬衫要熨

……进入他在门外的书房……

无尽的打扰

我的男人深恶痛绝。

如今和他同床共榻

的是残局研究

或者探讨生活水平

的哈佛论文

他屈尊

搭讪用旧的妻：

亲爱的，

斯里兰卡的GNP[①]是多少？

① 国民生产总值（Gross National Product）的缩写。

她抚触熠熠生辉之木

晦暗的漩涡

摩擦瘿瘤

指尖憩在根部

某个河岸曾经的寄居者

黝黑　不屈

临镜梳妆

镜子反着光

宋碗上的釉

柔润探究的手指

它的秘密失落

触感犹在

她移动印花碟上

那些物件

寻找玉的清凉治愈

感知萎去

指尖疼痛

想另一次抚触

现在他们知道
——抚触挽救婴儿的生命
这样——肌肤对着肌肤
指尖
手掌握住
执着的双手
暖　更暖
急切
哄劝细胞
抚触　以老人们不用的方式
住在一起
移动　打着手势
料理零七八碎
肢体冷却
摩挲彼此过往
是搓热　不是抚触
不像孩子或恋人那样
她轻抚熠熠生辉之木

白色浴室

消过毒的白色浴室
变得柔和　当她将两个
水龙头打开。戴着手套的手揉搓
光滑的四肢　热气蒸腾的
瓷砖上那双晒得黑黑的脚
打着健康隔代遗传的
节拍。也被愚弄……
双三氯酚倒入围成杯形
的手　它的泡沫覆盖膈膜
脖子、肩膀、腋下
和饱满、健美的双乳。
手停在熟悉的瓜形
上。热气的积云渐渐
散去，眼睛哭泣，被恐惧
淹没。

“还好吧？”护士问。

车轮后

车轮后她是女司祭
掌理镀铬条和钢板，运转流畅
的引擎，平坦的柏油路
以及调频收音机里的“环球综述”。
微笑闪现　当感官鉴赏
她巍峨庙宇中的装备：
璀璨的高楼，高架桥，
起重机在空中勾勒的黄色几何图案
节目里讲解者的噪音温柔了
他的莫扎特：那旋律
被那人的天才触动。

车轮后一切怡人。
她驾车通过防护装置——一个前排
座位：好的脚本，聪明的
收场，不知为什么，连新闻
都那么流畅　当手抚弄
黑色撩人的皮革……

无论怎样的恐惧涌自心底

都不会流露　直至

这一场剪去。抵达。

饿

他接过盒子

抛下八十年

重又成为孩子　执迷糖果

甜蜜的耐嚼的让人迷恋的水果味的糖球

鲜美的甘醇的朱古力

融化在饥饿的嘴里

他仍能品味

送糖人——依稀认得——

念念有词　说着“象棋”

这个词叩响对往日的追怀　是的！

是的　他时常记起象棋

记起那次比赛　那次在上海

锦标赛　基督教青年会　波利亚科夫战平！

送糖人的声音传来：一九六四年悉尼

你赢得了冠军

……赢得？……逝去

窗扉闭起
向已然疏离的女儿
不曾见面的外孙
……留下无解的迷宫
一个幽灵般的儿子
酸涩的泪　消溶的脸

没人来　没有人
混蛋们　我的儿子　没有人

他攥紧盒子

致玛丽

我们从未做到“心心相印”

尽管她曾开几英里的车来喝杯咖啡

我见她从马路对面走来

朴素的衬衫和裙子　良好教养成就的优雅

那就是我们　两个上了年纪的女人

过往的生活——是我们的资产和盾

相较于她　或许　我有这样那样的不同：

聊以夸口的“斯拉夫的灵魂”　及我生之初的中国经历……

她则有精干练达的风采：

在她的天地　永远稳健沉着

植根此地的世界主义者

在她的国度里殷勤好客

我们正涉水而行，水流清浅慰人心神

她内敛我也不愿叨扰别人

然而无疑！毁损和被贬低的信仰

希望和渴求　我们藏起自己的伤

我们躲避直到浅滩再次出现

我们或将谈及　但尚未　尚未谈起

我从没对她说过我爱她

那种早晨

她五点醒来

窗外

新来的鸟啼唤黎明

他把手臂横过

她的后背

头偎着她的肩

外面一辆轿车开过

轮胎轻柔地流过路面

因她的转侧他醒了

并没生气

她也没起身

急着去做家务

恍惚

穿过黑色的护栅

暴动的桉树林

越过蓝色的旗

泼溅的天空

穿过黑色的门

穿过做了记号的玻璃

闪烁

穿过未猜出的谜语

穿过摘下面具的企图

（每一缕晶莹在水潭里

扑动）

越过星星的泡沫

这些年

不安

（太受伤　太紧张）

过往的理解

穿过　越过

被配偶的叫牌带回：

黑桃

叫牌、碰运气

……赢了！

只是纸牌而已

窗外

桉树林不愿静下来

陶 土

坏日子像变形的壶
被火损毁：木烬
在扭曲的表面，龟裂。
一排，一排，重叠……

藤原，
日本活着的国宝，
用黑色备前烧陶土，
在长满松树的山间
烧窑，读诗，漫步
林中，在俳句里沉思，
栖身于平安之所。

我们的陶土颇为不同——
坚硬。难以应对，即使
被爱点燃也会
碎裂。如此
执着，如此热切的寻索

——几乎渗透然而自我

仍在。火焰的

微光里，想象的翱翔

或将洞穿陌生的

特质。幽独。

坏日子嵌满

尖利的碎片：被无声

的内爆

炸裂的一切。

继承者

他们走入那些房间

呼吸带着霉味的空气

她总忙于事务：

那么多活儿要做——

家具　古董

报纸……

俄文书

和旧影集。

全然无睹，他抚触那些器物

——来自西奈的岩石

丝一般光滑的钱币

上过油的木材上的轻尘……

他打开音乐：

……我定会因此而死……

皮雅芙！墙上古老的曼陀铃

拨响松弛的弦

什么东西碎了

房间环起

厚厚的地毯蓝色渗入

消溶为丝为缕

系住干枯

的插花，在

看不见的画布上缀上形象：

一只耳朵长长的小狗

在房间里被人逗弄，

书从桌上掉落，

书在床下繁衍

杂志滑入

明亮的池。

激动的抬高的声音，

带口音的演讲

进行中的棋战，

彩色剪纸罐，

拉赫玛尼诺夫的魔法，

烤面包的甜味……

拾东西的手，

迟疑的脚步。

蓝色大气的箭

穿过时光的岩层

叩响钟声

厨房里的刀

切进骨头

聆听

沉默将他们的进餐
变成叮当作响的例会：
刀叉、茶托、茶杯、
玻璃杯和粗瓷碗；
报纸窸窣异议
对新闻争执不休；
咖啡凉得太快
面包烤得太慢……
颤抖的壶上
盖子微弱地嗡嘤
　　　　即将沸腾。

她揩拭桌子
擦去黏黏的污渍
看着他的脸闭紧：
聆听痛苦。

有人搜索我的心灵

用喷过杀虫剂
的钢丝线
杀死每个抽芽的思想
剩下被毁掉的壳
我戴着面具

借圣诞卡
传布的预言
谎话连篇：

犹如大地的谎言：
洪水退落
阳光闪耀

我被允许读书和写字
不能
打结
梳开

纺成线

穿过针眼

缠在手指上

确然合宜

朋友们问我是否仍在写作。

是以现在我们这样

是以随后我们咀嚼引诱

那丝绸的摩擦那摇曳那炎热的呼吸

七重面纱下感官的摒弃

选择固守

抑或迅速消溶在这芬芳的水域

化作一片潮

被气象局预测

抑或茫然憔悴

以至于第二天宛似

一场宿醉

而你感觉真糟

是以我们再次叩问旧食谱

为把几许香料

葡萄酒和秘不示人的原料

放在小火上煮

深宵饮下

直到你的感官真的在黑暗里灼烧

现在我们知晓苦恼的标志：

避开伴侣的偷偷一瞥

锁紧的浴室的门　沉重的呼吸

弄皱的裙子

神秘的新的小饰品

一束束玫瑰

和颤抖的木叶一起抵达

叮当

她任一切坠落
盘子滑过指间
在瓷砖上方盘旋　跌碎
花瓶翻着筋头　轨迹
终止于爆破　玻璃杯
在撞击中碎裂　玻璃越好
晶莹如钻的碎片越多
重力扯落一切

（柔软的围巾飘下倾侧的双肩
裙子落在漂亮的纸样上
白色蕾丝给天鹅绒躺椅覆上泡沫
从未——他说——从未发生过）

重力扯落一切
甚至鸟　甚至带翼的话语
流荡的粉红的承诺
被损毁　它们破碎　肆意落下

带着锋刃的无情伤人的话语
有些将仍在不言中
被痛苦的重量碾碎
化为熔岩下的金砂　塞满胸膛
用咽喉炎　哽咽喉咙

（门扉紧锁　书房里异香郁郁
双绉真丝令她呕吐
她曾苦于溃疡　患处流血
他说那都是她脑子里的念头）

她试着重新聚焦　试着相信
体验着　甚至是歇斯底里的发作
能减轻话语压力的随便什么
然而她积聚美丽的话语
那些话语他曾说过　曾写在生日卡上
曾偷偷放进她的钱夹里

她在整理自己乱糟糟的抽屉

在扔掉很多东西

在整理自己的清晨和深夜

抛弃均衡　迎接战斗

不时掷下她自己的炸弹

只爱我[①]

我是你的老女孩
我往鱼膛里塞填料
烤俄式菜包
煮俄式饺子
做俄式面包
炖俄式罗宋汤

迷人确也曾迷人：
光滑的丝绸
柔软的羊毛
匿名人
送来的玫瑰
芬芳
与我的呼吸同义
倾慕
敬重

① 原标题为法文。

不少

不多

蕴满感激

生活就是生活

无论你的母亲

朋友抑或妻子

我是你的老女孩

只爱我

用俄语

英语

或法语说

好好爱我[①]！

① 原文为法文。

她写回忆录

让事物复活
把秘密掩去
衣以闪亮的珠片
日期令她迷惑
她的人物或沉没或游弋
不是因为心血来潮
——而是出于偶然

她该跳过
一些描写
略去罩着光环的友谊
和流血的心吗?

其间有艺术
有她曾经的尝试和失败
决定钉于
船桅　挣扎着的
一艘愚人船

她为自己年轻时
的形象兴奋不已
——另一造物的蛹
驻足在紧闭的门扉前

她写到战争
他们已注定错过
——没有殉难者或英雄主义——
讲述别人的痛苦
隔代的种族屠杀

细节　他们说　和质感
将捕获眼睛
她可以试试写：
赏心悦目的皮革
和毛料
香水的云霭
她天鹅绒似的肌肤

握着这幸福

她就能飞越

“永恒”这一被到处兜售的谎言

和灯光与笑声

以及称得上“更好家园”的房间

花和绘画

和厚重的典籍……

在门后他正吻着某人

不忠该让世人知晓吗？

裂隙会被覆盖吗？

伤口会愈合吗？

她加起失败

减去成功

喏　揭示

事实　一片混乱

（有几分俄罗斯气质）

结局是荒凉

抑或别的　尚未可知

她写她的回忆录

我知道这首诗

在这本薄薄的书里：

绯红的甜椒

在粉刷过的墙上

词语守住它们的汁液

经过炎热干燥的日子

那些元音尝起来

像某人的嘴唇

那些流淌

脉动的法语元音

它们性感的节奏

像

《去年在马里昂巴德》①

一个声音　催眠似的

创造一个恰切的时空

那白色的墙泛着微光

那枚浆果已熟透

① 《去年在马里昂巴德》是根据法国“新小说派”代表作家阿兰·罗布·格里耶同名小说改编的电影，以现实与回忆相穿插的方式讲述了一对男女X与A的情感纠葛。影片由阿伦·雷乃执导，德菲因·塞里格、吉奥吉欧·艾伯塔基主演，于1961年6月25日上映。

而这是《现在》

这是《生活》——

关于它们的法语语句

都写在《歌集》里

这本连同其他一千本书

和我们一起迁至新家

我寻找《歌集》

一次漫长的寻找

后来 我将它握在手中

——这瘦瘦的书

雅克·普雷维尔

布下魔咒

……关于甜椒的诗一首没有

深夜当关了的加热器

仍滴答作响，钟表静默无声
卧室里的空气聚集动量
无言的诗涌动无形的波浪
漫过暗礁，漫过
搁浅的船，漫过遗憾和希望
奔流无地　是诗还是忧伤？
是悲戚还是心脏状况？
磕磕绊绊演绎肖邦的雨
诠释重重阴翳　最后的X光显示：
心已钙化尽管血仍近乎沸腾。

做了件“下流”事：老了

如丝如缎
的青春容颜中，
无瑕的腿，
高耸的乳房
标注过的羊皮纸
覆在我脸颊上起皱，
隐秘的象形文字
留下更深的刻痕
而我皮肤苦涩刺鼻
的表面要求
回收。

“出 柜”

我是壁橱里的七旬老人
待到八十，我要“出柜”
满心期待传来惊呼：
八十岁？不可能！一直以来……

于是我一直七十多
多了又多
吸纳明暗交错
的生命
迎接倾盆大雨中的黎明
漂净欢乐与痛苦的被单
品味光明与存在的意义

佩戴多彩的日子
串成的项链
唰地摆动绿色的裙
拥抱柔软的羊毛衫
注视蒸汽袅袅升起

——我的水壶在沸腾——

浏览新书

燃膏继晷

我的生活一如既往

我祝福每一天……

难过

曾心醉神驰

什么也比不上华美的辞章

庆贺抑或悲悼

什么也比不上诗行

献给“橙花”

和书桌上

吹落的玫瑰

我抱紧它的芬芳

里奥

有如惩罚

有如惩罚

而这是温和的惩罚：仅仅是梦——

她夜夜梦见那个孩子

——摘自一首没有写出的诗

她的梦像业余爱好者拍摄的新闻短片
图像抖动，不合逻辑，展示
也不流畅。不。不是新闻短片，是
大杂烩，是感觉和品位的宴会
集中于嘴部的感官干涸，
使汁液发酵 子宫准备好而膨胀
……每一个毛孔如何享受 它的
目的——生命。直至月亮减去清辉
子宫不再孕育。当远洋里的浪
涌起，血液冲荡希望。

为幸福一掷的孤注化为失望
摇晃的镜头摄下痛苦的脸

她如今老去，愚蠢的神色间
溢满自得。太早穿上
孕妇裙，一心一意受孕
却并未太早。怀孕！
终于怀孕！

镜头转向医院。那位严厉的护士
发出嘘声——别不招人待见，
死不了。

镜头投向房间。一个又一个房间。美丽的家居。
花道，一种花艺，施展魔咒。人们
能怀着未能实现的梦想幸福生活。或者
他们这样以为。

活着。在花间，在缎被单里，在柔软的
布料和赏心悦目的皮革中……
想死。沉闷……无趣。色彩

沥自昨日的虹。
医生称之为“消沉”，对她说
要个孩子。

相反，再次尝试。妇科。医生
的手。检查。她怎样？怀没怀上？
器官异位。

医院。又一次。这回是一流的。
满屋的花。四月，她的月份。一位友人
带来东正教堂午夜弥撒上
的蜡烛。总是关于拯救圣火
的谎言。恹恹如狗，满是乙醚，
她注视着友人。之后永远
燃烧的烛火和薇拉的眼睛一起闪耀。

如今她母亲也竭力劝她领养。她不
愿……她会想起那个婴儿……有吗？

有个两岁的男孩，他的阿妈带着他
在某个花园里玩。去看看他吧。——不。不。
不。她要的是婴儿。只要婴儿，
绝不要有了记忆的儿童。

短片在这里戛然而止。结构
坍塌。一个细细的声音
在问——爸爸是我真正的爹爹吗？迤逦而来
几句混乱的谎言：是的呀。哦是的。来宝宝
看我给你带了什么。副歌一成不变：看
我给你带了什么。从不是——我逮住了你。那
或许更近于真实。

梦浓稠到堵塞。经年，实现的
忧惧，未实现的希冀。爱
昔为赠礼今视合宜的举止而定。

一个早期的镜头（夜夜重复

直到她熟记每一画面每一渐变的光
与色彩的细微差异）——深褐色的。加添深度
构成三维。荒败的花园，枯树，
堆积的湿漉漉的叶子和穿泰迪熊童装
的小男孩　在被雨打湿的地上挖着沙子。美得
让人心碎。那位阿妈——成为岸上
的黑影。他的第一句话：阿姨
美。他的第一次拥抱。他胳膊的味道。
他大大的灰色的眼睛在探问。

就在那天她把他带回家　他成了
她的儿子。

车轮急转——驶过镜头里
洒满阳光的沙滩，作为背景音的笑声
凌乱、吵闹的托儿所，背着扛着的孩子……她
想将它停下，去品味那些美好片段
权作歇息但它却飞逝而去……

然而曾有过幸福。即使他
说：我不过是那个医生
订购的。但那已是很久以后的事。他
从未问起他的生母。

凋零的梦。胶片为什么
停在少年法庭而那不过是场恶作剧？
为什么她听见了那些她想忘却的话？
里奥，钱不见了……是你做的吗？里奥，
收音机哪去了？你拿金表
派什么用场？那时她不知如何
处理。她有个标致聪明满心创伤
的男孩。她可曾知晓他内心的想法？

那些夜复一夜的胶片。跳过光，
扎向阴影。

随后是奇迹——又一个孩子，她的宝贝……男孩们

的成长竞争。尽管她认为自己从来
公平。觉得自己一向做得周全。
她疼爱里奥。他则怀疑她的爱。

他们给里奥一把吉他，那成了他另一个自我。
醇和的低音滑过“我是个了不起
的冒牌货……”无稽之谈，越发无稽。
这些故事流布传播
自他的学童时代，他在以色列集体农庄的岁月
直到他在埃拉特的最后日子。

现在在他身后——是婚姻，女儿，
一次不幸的放纵……离弃。这次
由他来。酗酒。

她无法忍受，她想停下，闭起
眼睛。它们合上了——这是场梦，
是场家庭电影，是场梦魇。

她知道结局，但胶片还在嗡嘤
应和着他的音乐。他的女人们
总是写 “里奥你的歌声仍伴着我”。

他的鬼魂仍与她同在。

回返。回返起点。她剥去
他的脏衣服，用湿海绵擦拭他，把他放进
温水里——大声笑着，聊着，仍然叫着他
旧日的名字，用松软的围巾裹起他。
他厌倦哭泣。我的小男孩，我的宝贝。
她抱紧他，脸贴进他脖颈上潮湿
的鬈发。她抱住他，将他吸进……停住，避开陌异的味道。

丑陋。一个丑陋的镜头。她总想删去。他
那时并不知道。如果知道他会怎样？他未能觉出
她正抽身离去 那原始的需要
对她的肉体与血液的。他没有。

他被更早地毁灭。在她到来之前。

这些梦是不公的指控。

她有过充盈的人生。美好曾出现。而一切

都成过往。他若活着该五十二岁了。

该五十二岁了。三十三岁就死了……那么早。

死于心碎。无意义。酗酒。可是

为什么酗酒？他……他觉得没得到爱，

觉得曾被出卖，觉得被爱得不够。

虚诞的故事。谎言。迷惘。他可曾

怀疑？她的痛苦　她的愤怒。

他已离去而她正付出代价。

在那些老照片里

你在那里：

那有我们部分的人生，

而今已改变：

自孩童到成人，

由韶华到衰暮，

你翩然的风度

凝为一句碑铭，

一方雨打风吹的石

隐没于士兵们的坟间

隐没于生命之山。

看，你温柔又温暖，

我那在阳光下变得斑驳的痛，

当我吸入你的标识：

陌生的身体的味道，

留意那些流露隐情的迹象

那丝异色：

那痕无所归依。

在某个遥远的时区
你和我一起：
做鬼脸，大笑，
凝视着圣诞老人……
喏，你正抱着
一把新吉他，
在做你的音乐；
沉思着——眼睛肿肿的；
在那儿因你的新娘幸福……
沐在那时的光里
我们的过往，锋利
如新鲜的伤。
被知识所毒。
但，若
置身另一个世界
我将把你呼唤
一次又一次
他们会令我镇静
用照片。
你早年的照片。

当我们收养里奥时

妈妈教我做母亲

——学会画画，她说

——有益于交流

——画些动物　奶牛和狗狗

——你可以编进故事

里奥　三岁　只画他自己

——四条线一个圆圈和参差如锯齿的雨丝

——画个小猫好不好？小猫在哪儿？

——不　只有里奥

——那么你画我好吗？在这儿，挨着你？

——不　只有里奥

我画了只母鸭和些小鸭

——看见吗？妈妈正领着它们去游泳

它们是群乖小鸭一点儿不害怕

大大的眼睛写满问号

车穿过蓓尔惟幽路

来至交通灯前

堵车

在十字路口

我看到一次重演：

一群鸭子横过马路

妈妈指挥

小鸭追随其后

人们说——鸭儿幸免于轮下：

车辆停住

司机咒骂

幸存的概率很低

但它们做到了

鸭儿相信

可男孩们不

现在她剥去他的衣服

露出小天使般的身体
（有点儿她看不出
的佝偻）

她用肥皂擦洗那柔软的肌肤
用海绵拭去污垢
给他翻个身
——未行割礼　了无瑕疵——
迎向不聚焦的凝视
——困惑？渐渐信赖？
现在他是她的　她的儿子
昨夜他哭泣、哀叫
站在崭新的婴儿床里
抽咽——“阿妈　阿妈”
用混杂的英语呼喊
皮肤变红
那一刻她无法将他抚慰

现在他累了

被给予一个新的名字

——里奥　我们爱你　里奥

你在这里会幸福的

她抱紧他

喃喃着——“一切都好起来了！”

轻轻触碰那头深褐色的鬈发

被他异域的气味蜇伤

给里奥

一 上海—香港

灰色的眼睛　有点口吃
三岁的你
某个早晨问起
“他是不是我亲爹地？”

并纠结不已，且曾，
历经发炎发热的麻疹
的亲密，
度过成长的时日
伴着得不到答案的问题。

我们是不是该同他对质
他的所有谎言？
暗示　　建议：
陪他一起睡，
最重要的是，爱他。

十二岁，我们给他
一把西班牙吉他
随即妒忌
它的支配力：

悦人耳目的相应相得
光亮可鉴的木质
尼龙琴弦，有力
娴熟的手指。
一双白皙的手。

二　特拉维夫

那年他不想见
我们。又一次追求
新的人生，蹒跚
在条形披巾的
穗饰上，喃喃晨祷：

听啊，以色列

主是我们的主

主是独一的主

她渐渐坟起的腹部。绳索。

结，系起他急逝

的爱与冷冷的倦怠。

三、埃拉特

此时的背景是金色和蓝色

埃拉特隐于他那位朋友

筑就的砂岩之墙后面，充满，

音乐和烟雾缭绕的话语，一如往昔，

彼此相对，詹朝向里奥，一次逗留，

一曲摇滚，倾听惹笑的故事

直至凌晨，凝神谛听，

没一次说过：

“嘿，打住，兄弟！”

手指拨动琴弦

回声注满他的世界：

他担任主唱和吉他手的乐队，曾，

荣获一枚银碟。

掌声，灯光

感觉一片模糊

他皮肤湿冷。

烟灰缸烟灰漫溢，一听听啤酒，偶

或，威士忌。从未醉过，

高大，苍白，汗水淋漓，他滔滔不绝，

讲的桩桩事件像燃烧的

煤把现实烧出洞。

烟很辣。他在受罪，

红红的眼睑，阴郁的眼睛，他

的喉咙被坚硬的故事

堵住 他的胸膛发紧。

四 大雨如注①

大雨如注——可有更好的名字
在这绽放的沙漠
与被拯救的灵魂之国？他的
灵魂隐蔽在手指沾染血污
的失血手掌后。

他们写道：
“亲爱的里奥，我仍能听到
你的声音。我爱你的歌！”
“里奥，埃拉特是你的歌
它们在烟云间萦回……”
“里奥，我永远不会忘记
你的音乐。它为何如此悲伤？请你，
请你，照顾好你自己。别喝那么多！”

① “大雨如注”（cloudburst）是上面提及的里奥担任主唱和吉他手的乐队名字。

“……他悄悄走过、跌倒”

——引自斯蒂芬·埃德加《希腊事件》

里奥又死一次。
我将再次飞往特拉维夫
跟一群陌生人说：
“我的儿子死了。”他们神情局促。
我说：“他不在了。里奥不在了。
不该如此的。”他们看向别处。

我来参加葬礼。

瑞秋消瘦　面容　空洞。
我们彼此支撑。她无力哭喊：
这是他第二次也是最终的离弃。
这小女孩曾要过她的“阿爸”
但现在懂事
什么都不问。
他的朋友分享
只言片语，重述他的种种癖好，

言辞间流露他的痛苦……

一个陌生女子

想要一件他的衬衫留念

并对我低声叮咛："不要洗。"

我握住他的箱子

一段人生四溢而出：

旧了的乐谱，

折角的书，

笨拙的靴子，

牛仔裤，传票，烟叶，

陆军夹克，

褪色的格子衫。

女孩的信。

詹妮写道：

"里奥，它已成尘。"

烟 草

变革

蔷薇来赴宴
她从容地笑着
满口金牙
双眼熠熠生辉
身材硕大。
我精心安排过
可话题还是陡然跌下
银盘的高地
落入战争岁月
丈夫是战俘
在布痕瓦尔德集中营囚禁三年
接着是祖国
甜蜜的酬报：
在古拉格劳动营度过十年。

身为犹太人，她曾养育
一群异教徒孩子：
把孩子们登记为乌克兰人

更安全。

共产党员

自斯大林时代恢复党籍，

“面对：一个新阶段。”

那么如何评说这场改革？

她热烈激昂：

“一个伟大民族的伟大机遇……

工作，施展抱负……”

强劲的俄罗斯散文

我们凝视这枝蔷薇

花期已过

困于苦涩的风中

风止　又发新芽

泪水中转向我们——

“看，我一直在说谎

我们被贬斥

凭借谎言长大

谎言救了我们也让我们堕落：
我曾否认我与生俱来的权利
别人则抹去他们的尊严……
如今已是几代人了。”

蔷薇。蔷薇。一位科学家，
一个犹太新娘，实实在在的
俄罗斯人，陷入
极度的痛苦。

现下我们漠然以对。

邂逅

一

她的凝视是褐色的　随即
　　　　　一丝微微的斜睨
她并不试图移居海外。
她不过是第一次来
　　　　　　访
她只在观看　当万物
　　　　　　……化韵为诗
适得其所　　却并非
　　　　　她的居所：
悠闲的澳洲生活
有它的波折和许多
怨诉　生生不息
于地方性的丛林之火后。

这里有另一个故事
以及每个新的传说……
她说：匮乏是地方性的

我们称其为不足：没有肉
没有肥皂　没有手纸没有……
不必说
我们畏惧狂怒
太多枪支　样式老旧
军人们咆哮着　斯大林
亲俄派　咒骂着他们的　反对者
　　　　　　　　　啐出浸满毒汁的怨恨
记忆被设定关进单人牢房
历史的吸血鬼
吞噬我们的孩子。

二

九岁　我那时该是九岁
从学校回来
妈妈正站在近乎黑暗里
注望着窗扉
她的脸上泪水纵横　她不去

揩拭　只在注望。

外面大雪纷飞

一片人海

……数以千计？还是数达百万？

乌克兰人　穿着　夏装

男人　女人　孩子

脚上裹着绳索

系起的碎布　前行

在士兵的枪杆下

迈向某处

她说：我的孩子出生

在后斯大林时期：

对罪　与　无惩罚

以及无罪的惩罚　恐惧

有另外的标度。

现下盖子真真切切地掀掉了：

幽灵们在蒸汽里蠕动

疼痛凝成子弹

而稚嫩试向

屠夫的刀丛。

俄罗斯人并不羞愧

浸入清新的泪
抑或洒满欢乐的笑
美好陈腐的主题却令人惊奇
颂词的橘黄将陈旧的铜装饰
成闪亮的金　阿拉丁的
灯唤出它的魔怪
革命的大军
迈入历史的陷阱
勃洛克[1]羞惭而死
因为《十二个》——它扭曲的异象
一如马雅可夫斯基的诗行

戏谑
果决
终结他的生命

① 原注：亚历山大·勃洛克以他的著名诗作《十二个》欢迎革命，随即幻灭并试图召回所有印本。

列普金叔叔　一位数学教授
不愿发表反宗教的演讲
逝后连儿子也为这罪孽付出代价

不要为疲惫的魔怪
华丽的文采皱眉
“他们消殒于青春的花季”
而只为真理蹙额

没有献给逝者的颂词
五十年后　“公开化”允许
清新的哀伤所滋养的辉煌陈腐的辞藻
悲悼失落的一代

友人瓦莱里

优秀的俄罗斯歌者，
挥洒史诗
编织十四行的桂冠，
瓦莱里笔致幽微
有上佳的审美判断力　与“典雅”血脉相连：
他老派的字体仿若蕾丝：
繁复，敏感
——顿挫的带着韵律的气息
被一丝不苟的标点标出。

我时常从悉尼寄些诗
给我的友人，一般是俄文，
但近来用英文。我新的造物
依赖空间：
词与词的空间，
　　去定义地点，
　　　　物与物
或你　和我……的空间

我把这些诗刚刚寄出
回复——倏然——飘至：

这都是什么？
这些结结巴巴的诗行，
倾泻着狂野的瀑布，
喷吐着一堆堆松散的词汇……
标点在哪儿。
十字军的刀锋，
就停在那里……
即将切穿，
这些诗要告诉读者
去做什么……？
在西班牙语中　人们
会把惊叹号和问号用上
两次：在句子的开头
和它的结尾。
？那么这些是什么？？

你先是放弃韵律

现在抛却标点！

你怎么了？

逗号，逗号，那些

逗号在哪儿？

你的困惑的

瓦莱里

在落雨

无尽无止。

暴风淹没小径

摇撼　摧伤

我的蓝花楹

阵雨浸透尘埃

漫长灰暗的日子

丰满的雨滴轻叩

丰饶的仪式

漫步上海

纤瘦的雨丝下

透明的雨滴

栖落灰色的雨衣

春用肘轻推着干枯的树

我的俄语诗

“天空失去重量，空气是肉做的……”

与涌起的血搏斗

雨流成薄雾

抚着舐着呼吸着的雨

我　成为年轻的我

涤尽过往

郊野在晕眩

紫色的薄雾里
我刺破手腕
将笔浸入蓝色的血
用古斯拉夫字母书写：
已售——一个灵魂
换来永恒的春天。
（路西法读着古斯拉夫字母）

我飘漾、潜入
葱郁的绿
握紧仿若轻纱的双翼
将彩虹
洒向焦渴的草
血曾化作圣餐的酒
我回翔于玫瑰之上
浆液
甜蜜的春的浆液
花粉和大洋的风
正拂动紫色的芬芳
吹干我枕上的盐

草色如烟

一

爸爸从未忘记俄罗斯苹果的味道。
嚼着汁液丰盈的朝鲜苹果他总说：
——“啊，可是在基辅……”他总说……

而争论常常卷成涡流：
“这是唯一的土地……”“是的，直到一切
变了……”“看，这是美好的生活，即使
你偏要固守旧日的习惯……”

但我仍会在乳牛的肋部
蹭蹭鼻子，双手掠过潮湿的草，
掰碎红色的泥巴，在刺鼻的味道里呼吸。

二

东方哲学，从异国移植的苗木，
在这一气候里茁长，在
不同的经籍里绽蕾。这片大地养育

莲子与沃若特[1]，给
沉思的奶牛和菩萨以帮助。
或者那些渎神者，那些“只靠面包”活着
的人。这片大地绵延不息，用绿色的剪枝
为它的庄稼护根。

我愿吸纳他人这些启示，
求索里延展自我的极境。

三

在新的地带，轻抚过年轻的
桉林。摇落粗糙的
表皮，裸露创痛的组织。
将苍白的天空与清晨的薄雾注满
胸间。蹒跚走过
小路上的涂鸦——“滚开，

① 沃若特（warratah）即特洛皮，开大红顶生花的一种澳洲山龙眼科落叶灌木，warratah为澳大利亚土著语。

你们这群寄生虫”：避开对“旧血”
的石蕊试验。曾设想和平。

归属感是最好的
压舱石：连幽灵现在也可
休憩。那可怜的中国式帆船沉没，永葬
水底，劳改营苍老的亡魂应予抚慰
以逝去的叔叔们的名字
为儿子命名。炙热的太阳烤干
泪水。胶囊封装的记忆抽枝
发芽——一株意想不到的
感觉灵动的作物。这革色如烟的大地
这广袤奇异的大地静静吞噬
四海为家者的重重围篱　而围篱重重
将他们投入新的情境。

远距离

我们在六月
让我们给拉丽莎电话
露蒂总是很高兴
当我们给她电话
既然我们给她电话
我们也该给薇拉电话
小萨拉是不是
要过生日了？
给她电话为她唱
生日快乐

我们在给冬天电话
我们在给春天电话
我们听到许多老去的声音
孩子歌唱
皮普伤风了
我听得出他气喘吁吁
妮娜在训斥

小女儿丽兹

拉丽莎的狗狗加入

我们对《波段人生》的讨论

渐强　打击乐演奏

“天籁”

我们频频电话

我们需要火花

我们采撷声音

为我们的方舟　我们的巢

我们那载满梦的小船

我们那欢乐的梦

离散似被征服

岁月对我们

仿佛更温蔼

而今贵姆担心

朋友们或会来访

他钟爱距离

个人的日程

和远程遥控

很多年里这一分叉歧出

曾是种幸运：

熟谙两种文化

因其变得更好

可现在——却成为心底的

渴望渴求

收音机里的歌曲

带来俄罗斯的惬意

源源不断的书籍寄自

巴黎、纽约、慕尼黑

那几本《开放》

在手中沙沙作响

“朋友　善意的人啊”

一期期杂志闯入我心扉

正如词语将我陶醉

那些被流放的诗人

忠实于他们的语言
将我淹没以丰富
悠扬的俄罗斯诗行

“相信我，它曾屡屡发生”

我相信她！我感受到她的呼吸
领悟到她的痛　虽少　我
却也怀有那份自欺的苦
——一件我穿了多年的丝绸内里的刚毛衬衣①

“大屠杀”之后
俄罗斯模拟审判之后
之后　而今　而今
诗人仍在精神病院里哭泣
或　在俄语中
流亡

① 苦行者或忏悔者贴身穿的粗毛内衣。

他们走在恩典中

引领他们

在白蔷薇的光轮里

——耶稣·基督

——摘自亚历山大·勃洛克《十二个》

他们走在恩典中

为沙皇哭泣

诅咒犹太人和移民

挥霍派定的诟骂

吟诵自——由

那神圣的名!

甜蜜的俄罗斯母亲

被凌辱被背叛

被审讯

我献上泪水（咸涩如血）

我将平复你的恐惧

你对黑暗者的恐惧

母亲　我向你献上

最最纯真的无尽的爱

他们聚集在使馆区

填表

在宣誓的场合

尽可能撒谎

将破碎的心

碎成一小块一小块

好在甜蜜的流亡中咀嚼

避开污水

揩去唾液

为哀伤哀哭

在巴比伦河畔

拉·迪斯波利成为俄罗斯人的村落

纽约现下的俄罗斯人

汹涌如潮

特拉维夫也流水潺潺

——宛若一个新敖德萨

讲着俄语

在海法落泪

他们把分币

投进罗马许愿池

走过老维也纳

鹅卵石铺就的街

若吾忘却耶路撒冷

俾吾勿忘莫斯科

多数人想要自由

所有人都要香肠

他们信任叶利钦

不相信任何人

抢劫　谋杀

在教堂里忏悔

他们走在恩典中

在天平上

在这里你能拥有冰箱，
洗衣机，轿车
……也许还有房子，
有这一切——在这里。

在那里——只有幸福。
——摘自一本俄文修身书

他们用不同方式打包：
标明寄往国的硕大的麻袋
包装精致平整的矩形邮件
华美动人系着丝带的盒子
（易碎品）
而要等待你才知道
你会得到什么
更别提哪个天平称量

她已将心爱的德国天平

遗落在往昔

在那黄油和海枣

无核小葡萄和香料

杂在一起烘焙

欢欣持久不息的地方

她从未学会量度

她的幸福

或称量它的损失

为舒适蜕皮

现在她是澳洲人。早就有此感受。
甚至在典礼之前，那以一罐桉树子为赠
而显轻率的典礼："将它
扔过肩头，它就会
在你园中生长。它是那么坚强。"

好吧，她没那么坚强，可她
已扎下根　而且觉得她的
种族特点（一种经久不变的风味）不可思议地
加增了归属感。

泥土抱紧根，给它们安定
温暖，活力，桉林迅速长大
在太阳里汲取欢乐。烈风调弄、拍打
——桉林愈益犷野。犷野
而美——经历成就的品位。

她在这里安居。她说："我

出生的地方不过是地球上的一个点。
一个在中国大地上的俄罗斯城。时移世易。
这才是家。”
她的俄罗斯性——尝过巴尔蒙特
的蜂蜜和肖洛霍夫雄健的散文——已
变弱。而在某地，
她已和英语谈情说爱，
许多年。

如今，成群结队的，新来者
惊诧：“你这么俄罗斯。”另外一些人，
则用简单的英语，磕磕绊绊地，说：
“你是澳洲人。”
这些流亡者逃离了古老的苦难
与持续不断的威胁 来寻求新的人生
——贪婪，像饥饿的孩子，然后
……苦闷。怀念——怀念的却不是朋友
（他们多已漂流海外）

也不是政治的过山车，

而只是重返那蕴满记忆

的故土，只是汇入

那疲惫的大地与沉重的云。

近来她俄语说得更多

并给一家俄文报纸撰稿

——那语言仍在奔流。

她读露丝·帕克，吟味

高文·哈伍德和罗伯特·格雷。

当为某首俄文诗萦绕，就津津有味地

翻译。

而她自己的诗，若来，

仍是来到英文里。

她说：他们寄我

俄文书和一些传记的评论
都是美国和法国出版的。如今，
革命已经是三代人
之前的事，可仍有新的哭泣——
“罗斯……罗细娅……”这触动了我。
诗人，和祖国一起流亡。
流亡者啊，俄罗斯是他们的行囊。
她说：“我，也，曾哭泣
为我并不知晓的世界……”

新移民在试着蜕变成澳洲人
的外表来求得舒适。她是澳洲人。
她将自己包括在外。

回忆录

“假如我们相识”

——苏珊·汉普顿

一

假如我们相识

注意每个细微的变化，捕捉每个差错

留神观察心灵转移的努力——

我谈论食物却意在说性

我们跟着韩赛尔和葛雷特[①]走进树林，

在一旁观望面包屑

被鸟啄起

　　老女巫

在她的小屋里满心挫败

要把少年吞下

（否则，真的，一点鸡肉就能将就？）

丑陋与衰老的负担太重

而孩子们将逃走，

长大，讲述他们的故事

① 《格林童话》中《糖果屋》的两个小主人公。

格林兄弟那群金发的孩子
又留给另外几代人去梦

寒凛。生活不公
对既老且丑的人。

二

爸爸，被婚姻羁绊
妈妈——世上最好的妈妈，
却从未适应家庭生活
她践行着她的信念
博爱不始于自家。
在紧闭的门后
回荡着洪亮的声音
爸爸，在为我读显克微之，
他的波兰岁月在清澈的眼瞳中涌动
声音颤抖，让我难以成眠。
岌岌可危：这唯一的孩子

伴着混合的传统

难以言说地长成了俄国人

爸爸，一个音乐迷，一个好厨子，

受过良好教育　好学深思

常常是一个拘谨正派的人

八十岁留给我们

一本足料的日记

满纸是近来博得的

香港苏茜·王们

十六岁的欢心

作为教师，他给她们打分

根据她们的表现。

杨·罗莎琳达应得

五颗星。

假如我们相识

我可以写下这一切。

哈尔滨，高高的河

在那里在哈尔滨
松格里河仍在奔流
挟着褐色的泥沙
卷着涡穴
在寒冬里凝冻
在冰排间迸溅
吐出春的气息
成为奇境
在我的家乡。
古老的公园里
偷偷窥视的紫罗兰凝望
年轻的恋人挽着手
时光默默忽略
中国大地上
这昔日的俄罗斯城
岁月轻轻拂过
那高高的河

圣诞，一九四七

它在把我向后拉：

背景里格列格[1]——

那首《索尔维格之歌》[2]

我曾（合）唱过

温馨馥郁的大气，

室外——上海的冬天

和一条光彩熠熠的

塔夫绸连衣裙

轻轻附于纤细的腰身

下摆剪裁独具匠心。

参差的低胸露肩的女装

（有种碎裂感）

黑发　绛唇

牡丹　诗篇

（罗宾德拉那德·泰戈尔）

窸窣的丝绸的音乐。

---

① 格列格（Edvard Hagerup Grieg，1843—1907），挪威作曲家，挪威民族乐派奠基人，代表作有《A小调钢琴协奏曲》、戏剧配乐《彼尔·金特》等。

② 格列格为挪威著名剧作家易卜生的诗剧《彼尔·金特》所作的配乐。

在我裸露的胳膊
和肩膀上，
卡朗[1]浮动的暗香
神秘、难以言传。
它的咒语
（人人都遵从）
只爱我[2]

① Caron，法国香水品牌。
② 原文为法文。

哈尔滨，中国

历史的海难荡起的泡沫里
祖父的钟滴答报出完美的时间
爸爸红色的猎犬梦想着猎场
“卡莎”那只猫围着晒黑的腿转圈
每个诺言都是铸铁
和外国香水。彩色照片
说出了一切。

爸爸解释万物如何运行：
水和盐的分子式
和我说起失败的革命：
法国大革命　与我们不同　不像我们十月革命
那么纯粹　那么成功
爸爸，一个离经叛道的天主教徒，否定天主，
爱伦堡[①]的《第二天》
（我们的《圣经》）

① 爱伦堡（1891—1967），苏联作家、社会活动家，主要作品有长篇小说《巴黎的陷落》《暴风雨》《第二天》等，他的中篇小说《解冻》和回忆录《人、岁月、生活》曾引起很大反响。

讴歌实干家们的功绩　和他们的牺牲
（冻伤、饥饿、肮脏和虱子）
而远方
年轻的人们为所有人的利益而死

这是伪善还是盲目的信仰？
犯罪中扶手椅的共谋关系
……音乐和书　　鸣响的钟
家庭女教师教给那个孩子一些更精美的事：
葱翠的花园的素描　列宁
而在别的屋檐下生活却阴郁荒凉
那些见过美杜莎扭曲的面孔的人
带着冰冷的仇恨和古老的信仰走向流亡
修筑美丽的教堂
言说古老的荣光　神圣啊！神圣！
祈祷骑士
斩杀红色的恶龙
祈祷神迹

在俄语中哈尔滨
伴着中国的土地
白杨　榆树
和自由的空气

在那遥远的世界风暴击碎
太多身体　杀人者和救世主
希望主宰　　一场黑色的雨
（今天没有面包　明天会有）
他们有通电的铁丝网
烈焰肆虐　吞没风

毁掉的

用孩子的眼睛四顾。一面墙上挂着些画
画中是漂亮的女人……一个盒子，弄出美丽的音乐……一台打字机
——你按下键盘空白的纸上出现字母……

一个声音在说："Pisbuschaiya mashinka"——写字的机器。我
记住了那个声音？那时，没有录音机。而那个声音，
那个解释一切的声音，现在在哪儿？

写字的机器。一台拉丁字母打印机。他们把它带到
俄罗斯：盖特，十六岁，那时说英语，会打字。这女孩
很能干。她在修道院法语也学得不错。

在新的国度安家是短暂的休憩，
爸爸和紧接着盖特的被捕打破了它。

莉莉和妈妈在等：等消息，等领包裹
（听，他们拿走了他的衣服！），等夜里
敲门的声音。

一天妈妈认定那台打字机会惹祸。他们会
盘问："你用英语给谁写信？哦，你和国外
有联系。"打字机就是物证。

"必须毁掉它。"妈妈说。于是她们拽出
滑架，折断那些键和键杆，拧下压纸卷筒，
把它扭得不成形状；再去扯剩下的零七八碎……这时
打字机化身仇敌，开始回击：用尖利的突起
刺，用锋利的刀刃割。莉莉狠狠地敲打
那顽固的构架。妈妈压低声音说："轻一点。别惊动邻居。
打开收音机。"

我幅员辽阔的祖国啊……
哪里有这样自由的人？

她们和打字机继续搏斗。掰着，拔着，扭着。电线……
空格条……这真是个怪物。她们笑了哭了，用流着血的
黑乎乎的手指拭去泪水。

终于，几个小时后，她们把金属上的手印揩净。

曾经，盖特学习很多种语言，学得很快。老师们表扬
她作业条理清楚，书写工整秀丽，打字
利落……盖特和她心爱的打字机啊。

那一夜她们把毁掉的零碎扔进垃圾箱。

情 人

妈妈从不相信爸爸那套说辞。
长于调情。居家温柔体贴，
他顾盼的眼神或许本就包含这一切。
那时，那是风流的雄性们的权利。

激情席卷而至，我失去了判断力。
我去见他的情人，他的宝贝儿。
却发现她很羞涩，与她的角色违和。
然而想到妈妈的痛苦，我责骂，怒叱，

威吓　让她难堪　颜面尽失
多年后，对那盲目的愤怒我开始后悔。
对于爸爸这女孩可是他的唯一？
他可曾难过？他是不是两个人都爱？

妈妈能把那页翻过去吗？身体可以忘记。
爸爸妈妈和他们的遗憾和解。

那些声音

莉莉

莉莉回到房间。而今妈妈不在了。这一刻
被塞进一辆疾驰的囚车塞进未知的
命运……

妈妈啊！妈妈，昨夜还搂着她
为爸爸流泪的妈妈。不在了。

房间里莉莉在自己的角落里徘徊。那个
地铺上妈妈和她们曾挤在一起：
打着补丁的灰床单上两个高低不平的枕头一床褪色
的被子，有一个枕头不见了。

在她的角落里她听不到女房东咒骂人民
公敌。

盖特

她的意识有一部分缩成了一个冰冻的点：走廊，

看守的脚步，门外钥匙转动的声音。

另一部分则燃起怒火，迸发出歇斯底里的
大笑：间谍？谁，我吗？我不满十七岁
是爸爸最爱的女儿。这真是个大笑话　一个
误会……

让我回家！

家？

一次放风他们弄乱了时间。她看见
几个男犯人一步一拖地走出，突然，传来爸爸
的声音：女儿！女儿！那是爸爸的声音。

一次。即是余生。

盖特

每个早晨雾都很重，我们当中有人晕眩。我

不知道……腐臭的夜晚也许……起了作用。

他们叫道：排好队，否则，我就开枪了！

他们只是群孩子。常常直接从集体农庄来到这里，

只是群孩子，你知道，个个都心惊胆战……

仿佛谁都想从行进的队伍中

逃跑。

奥尔嘉绊了一跤，从队伍里摔了出来。那个看守惊慌失措

扣动了扳机。奥尔嘉倒在地上……我们

继续走。

是的，有人扶起她。被射中了腹部。她

当晚就死了。

那个男孩只因为害怕才开了枪。一个农家
男孩，每天早上五点，看守一群国家敌人
……拿着枪。只是个孩子。

耶菲姆

在上海那段生活，对他来说，是加班，下棋，
和女人厮混。是钟情和婚姻。是姗姗来迟的
为人父的日子。

他不知道他们的遭遇。只得
自我安慰。
杳无消息。无人可问。

他们三十年代回去的，动机简单：
在哈尔滨失业　又联系不上
在美国的亲戚。

他们回去了，但他，家中的独子，继续
留在了中国：说不清道不明，他签证遇到障碍。

来自俄国的消息像血渍渐渐消失。笼统
含糊。他的家人音讯皆无。

听到逮捕和审判的传闻。恐惧令他浮想联翩
可是，不……不可能！不可能吗？……为什么？？

终于有了音信，是莉莉写来的，匆忙中
写成的，也没有回信的地址：
爸病得很重……还有姐……妈现在见好了。
她很爱你。

……生活是成功，是越来越多的舒适，是
自尊心……溃疡穿孔。流不出的泪淤积
在他胸间……酸涩的泪滴啃噬着他的胃。

那些年里只有妹妹莉莉零星
的来信，现在她的落款用了夫姓
有了回信的地址。

她用父亲的名字给自己的儿子起名。而今他知道
父亲不在了。

伊娃

他把悲伤隔离，留给自己。总是睡不好觉。
我和他结婚时对他的家人几乎一无所知。他们已经
回去了。他们的命运不得而知。

隐隐约约知道出事了。

过了很多年，我们才收到封信。再后来是封
触目惊心的绝望的短信：快寄些止痛药，妈妈很疼。

我们想方设法通过外交渠道

寄了些药。太迟了。

我们只能把猜测的事实拼成模糊的画面：
逮捕，漫长的刑期。爸爸死在劳改营里。

虚构的脚本缺少细节：敲门声
……囚车……

我的丈夫守卫着他的梦魇。

二十年后，在以色列，一个自俄国
移民来的表妹跟我说，语气平淡就事论事：他父亲被枪毙了
难道你们不知道？
我叫道：不，不，不要说出来！看在上帝面上，
不要告诉他！

但俄国移民有他们自己的行事准则。
晚餐时，她给我们端上果酱馅儿的薄饼卷，然后注视着我

丈夫……沉吟着——哎，我们的表妹纳娅最后一封信

是什么时候写的？等下……哦，就是那年

你父亲被枪毙那年。

我丈夫依旧平静。什么也没问。之后——也没有

泪。

他的溃疡已达百分之五十。

小有改变。

盖特

她说：他们从没打过妈妈也没打过我。他们从没

碰过我们。从来没有。

她的脸在抽搐，但她的眼睛，现在几乎失明

在厚厚的镜片后面，凝滞不动。

她说：他们做他们的事。他们知道这不过是个

荒谬的剧本，但他们不得不……

我尽力而为提些问题。刺探？是的，我猜是。

我问：他们罚过你吗？为了什么事？怎么
罚呢……？

突然她说：一次，我被弄到一个盒子里。是个柜橱。
一个很浅的柜橱。被锁在里面——站了——三十六个小时。

她只是脱口而出。待我们想知道：
那是怎样……怎样一种感觉？她不愿回答。
后来她说：你的两条腿想要爆炸。

再后来说：翻过那一页我才能活下去。

盖特

她提起自己的青春韶华就说到劳改营。那当然是时代使然。

她说：派尔特拉·塞默尼奇，我们的医生，很喜欢我。
他跟几个朋友说我的乳房
是他见过的最美的。宛如鲁本斯[①]的画，
他总是这样说……这话传到了阿列克谢耳朵里，他于是就想
认识我。

阿列克谢很瘦，却是个情场高手。你知道，
那时女人很多。总之，他得手了。
……我就这样有了贝拉，我的第一个孩子。

盖特的面庞变得柔和年轻。我们暗笑
瘦弱的阿列克谢一心渴望她的乳房。

---

① 彼得·保罗·鲁本斯（1557—1640），佛兰德斯画家，巴洛克画派早期代表人物。在画作中，鲁本斯善于营造人物的体积感，尤其对乳房和膝盖常加以适度的夸张。法国艺术史家丹纳说："佛兰德斯只有一个鲁本斯，就像英国只有一个莎士比亚一样。"

他那时很自负自己能收服女人的心。女孩子们

都很吃惊，当他被我打动。你有

什么，她们问，那对铃铛吗？是……我就是能让他不觉得腻烦。

盖特轻柔地拉了拉丰满的身躯上那件紧身的连衣裙。

她喜欢这些连衣裙，珍视结实的肉体。

他从未跟我讲过他的过去。我以前常问起，

可他不愿说……仿佛他生来就在那儿：

太瘦，太爱女人和烈酒。

后来，很久以后，我们都被放出来

结了婚，他要跟我讲他的身世。太晚了。

我告诉他我不感兴趣了。

我们的女儿对她们父亲的起点一无所知。

只知道他的终点。

盖特

她来做客时已做好准备。准备面对
一个陌生的世界。准备让她的家人们消除隔阂
失落的童年与因法律因那卡夫卡式的骗局
而失去的生命间的隔阂。

她来悉尼造访亲人。五十年后
第一次来到西方！她来谅解。她来逛街。

子孙是生命的质地。
婚姻，不忠，怀孕，流产……
他们小时候妈妈烘焙的夹层蛋糕。

她哥哥准备了一些影集来和她分享他们过去
的生活。影集里尽是陌生人，在不同的情境里
微笑，喝酒，谈天。穿丝绸和皮革的女人们。
鲜花和展览会。

她看不了了。她跟他们说眼睛疼。她在思忖：
那是哪年？当妈妈和我……？

她感觉痛，一种不熟悉的痛。人生种种，而今可以
触摸，不能打捞。

她哥哥想聊聊“改革”。
她哥哥用了许多大词：
一个民族的集体意识。不可逆转的
变革……

她说：其实甜甜的水果更让我心仪。香蕉就好，如果
你能弄到……

嫂子带她们去商店。牛仔裤（给男孩子的），
套头衫（给女孩子的），柔滑如丝的（紧身）针织内衣，
剪裁得体的皮夹克，鞋子，包……仿佛雪崩……她丢了自己，
找到失落的青春，漂移不定的现实里重又站稳：这一切

都塞进手提箱。

公开化，她哥哥说。今天的报纸……

她太忙。查茨伍德区的百货店正在减价销售。

风 暴

妈妈决定我们去大连度假，
那粉刷一新的胜地就矗立在黄海边。
她说：你将看到浩渺的烟波，
伸展呼吸变幻　重若万钧，
碎浪逶迤成绿色的墙垣
雪沫飞溅的大海怒涛拍岸。
她很兴奋，那年我九岁。

她说：我们深夜出发，
你可以在餐车上吃饭。
你会喜欢的。第二天一早——一片汪洋。

爸爸把我们送上火车，
一个男人和我们同一包厢。
爸爸说：照顾下我的女人们。
陌生人逗趣地说：——一定不打呼噜。
记忆无法恢复面容，
只有一个声音。在和妈妈絮叨。

安雅-伊丽妮施娜？这是第一次去？

哦！是的。孩子是。我相信她会爱上那儿。

爱啊　爱啊　爱那儿

车轮低语。

我在酣睡中醒来听到沙哑的声音：

……那方面　她真的上心。

十年婚姻　我们如胶似漆。

她的肌肤　她的体香　你可以想象……

整夜。在我们的欢爱里有种魔力……

一天我发现她和一个年轻人搅在一起。

我觉得自己都活不下去了……可我还是说：玛申卡，

我们会忘记的。我爱你　请不要离开。

可她还是走了。

妈妈哽咽着，说：

别哭！别哭！

话音未落却声泪俱下。

在岁月的那边我望见一个孩子
把头埋进自己的枕头，生着气，
对那倒霉的陌生人满怀
厌恶。一个男人
在哭！真正的男子汉要像爸爸一样
——他才不会哭。他也没寄
很多信给我们在那个夏天。

多年以后，一首咏唱列车上邂逅
的歌——我曾爱你　你对别人的爱
照亮了陌生的暮色……
让那个夜晚的对话……和妈妈
总在我心海涌起。

夏天是感觉的季节
妈妈为了健康嚼着蒜头

听着别人的浪漫故事。

爸爸连简短的信也不写了。

风将海挞成白色的怒。

一个风暴频来的夏天。

休 憩

在妈妈凌乱的家中饮茶是漫长的仪式，
是休憩：沉思人生，闲话，谈笑，
慵懒地讲故事……
叶菲姆将其尖刻地称为“无所事事”。

婚后他试图改变我
赶快做事。婚姻里一直快快快，
我常常爆笑。偶尔，痛哭。

我渴望步调慢一点，
可以有虚度而不被指责的光阴，
读书　在蓝调里惆怅
一杯茶　一块俄式馅饼

这一刻终于来临：我们的姐姐们从俄国来访
围在餐桌前追怀往事：
“他喜欢裹着蛋糊的烤面包，
他总说——做些馅饼。

塔妮娅的厨艺一等一。她的仆人们吃起来狼吞虎咽

她烘焙馅饼，加上猪肉馅儿。

还有蛋糕……精彩极了！

玛多娜或皇家蜂蜜果子奶油蛋糕。

焦糖，咖啡加朗姆酒，

哦……绝配。

甜品是他的固定节目——八十六岁依旧健壮。

还有羔羊汤……你们试过没？

洋葱，大量的洋葱，羔羊肉和香草。

蔬菜先炸一下，然后加水，我过去常做……”

我瞄着叶菲姆。他快按捺不住了，

不住看表，晃动酒杯

而我们还聊个没完没了……

“无所事事”。

“没有河流是安全的”

——玛利亚·伊万格里尼蒂丝

没有河流是安全的，可我父亲曾说
别慌，不会溺水的。
他曾相信浮力，水的
那生命的羊水的，
他曾相信生活，在凌辱与损害之后，
在他青春的行刑队之后，
他为沃洛申[①]的诗行落泪，
将革命的暴行称作
“被剥削者神圣的疯狂”。

松花江在沙岸间嘶吼奔流
拥着太阳岛，克莱斯道夫斯基·奥斯特洛夫，
佐道夫斯卡娅·查穆卡。那个夏天，漩涡
直落更深处。水中泥沙
哽住将要爆裂的肺叶。他们用硕大的吊钩

① 马克西米利安·沃洛申（1877—1932），沙皇俄国晚期及苏联早期诗人，俄罗斯文学“白银时期”著名文学赞助人，与诗人茨维塔耶娃、古米廖夫、曼德施塔姆等交好。

拽出尸体。我们的佩蒂娅
可会害怕，当光明熄灭？
爸爸依然为老诗落泪。

夜里我和爸爸谈起那些事
我说——您看，那时我们都被骗了。
连吉卜赛人都比我们有更准确的预见。
您本该离去本该表明立场。
告诉我，只对我说——我们为什么留下？
我说——我每天哭喊为了佩蒂娅和卡莎
以及别的人们。我们原本
该奔到融冰的那边，我们本该
行动……爸爸，你觉得呢……他轻声咕哝：
“历史从不留情。”而今他可在摇动
他优美的头颅？我请求
他从自己的视域给出答案。坚信
他知晓恒在的真理。我把手
伸向他，他却淡去、隐入
薄雾　江流。

家族树

内奥米在寻根。

为什么要现在做呢？

一切都变了，她说。

在这崭新的俄罗斯，线索不该

终结于墓穴。

她在信中写道：

在乌克兰谁也找不到——

都不在了。

在白俄罗斯——也一样。

之后，经过大量调查，

在车里雅宾斯克找到一条线索：

安娜·韦德洛娃。

是安娅？她失踪的表妹？

这是留给孩子们的，她说。

我自己从未问过妈妈。

爸爸则总是守口如瓶……

结婚就离开了他的家人。

为什么?

孩子们一直好奇:

外公是波兰乡绅后裔,

外婆却出身拉比世家。

内奥米写着,字里行间泛起岁月:

记忆飘扬似雪的杨花,

汇集像榆荚

绿色的降落伞……安娅,记得

那些味道吗?那些夏日别墅 就在河对岸……

在佐道夫斯卡娅·查穆卡

我们几家租下的。唉,那时我们好多人

都在……父亲们从城里

带回水果。记得

那个女浴室吗?男孩们跳入水中

梁柱下,高大的母亲们

一群尖叫的消瘦的女孩子……

记得那个松花江洪水泛滥的夏天吗?

摇向市中心的小舟……
我们一起染上的霍乱，
黑黑的嘴唇，嚼着野樱桃……
安娅，你好吗？过得怎么样？
你父亲何时去世？他在哪里
出生？我在试图追踪家族
树。你现在和我们家中的谁还有
联系？他们都住在哪儿？

收到安娅回信，一连几天内奥米把自己关在房间里，
不过最终她把信给我看了：
“亲爱的内奥米，你的信像
晴空的惊雷。是的，很多我都
记得……连你的声音都记得。你妈妈
烘焙的好吃极了的馅饼……哈尔滨那些年
是我生命中最快乐
的时光。
内奥米，认真读下去。

我丈夫去世了　我现在和女儿
住在一起。她是一个好姑娘，
尽管对犹太人有偏见。
你知道，爸爸在玛莫施卡被捕后，
我们改了名字。如果他们知道实情
她就永远没有工作。我们作为俄罗斯人
度日延年，而今连我的女儿都
不疑心我。内奥米，我在让你
难受。我知道，姐姐。
可是，如果你仍愿通信，
就只写‘存局候领’吧。

另启：　家族树吗？
为了取暖　我们
烧光了所有木材。这
让我们活了下来。”

不归

她常说："我们像根在风里

的植物；没有泥土黏附，也没有坚实

的凭依。"

他们四处漂泊：哈尔滨，上海，香港，悉尼，

各地间山川迢遥。

他们将之缝在一起：俄罗斯人，犹太人，澳大利亚人。

一个家。她，带着她鼓鼓囊囊的影集

里面是糖渍过的往昔（并不真实　但她的童年和少年

的确是甜蜜的），是的，她带着她的影集，他，则只有几张

照片和些密封的记忆。而有的，连对他自己

也藏起。

他苦恋旧日求学的时光。那逝去的时光。

甚至当突如其来的见证者撕开封条，推开朝向

幽暗的天井的门，旋开轻机枪
的声轨。甚至那时，他亦苦恋过去。
已过去的过去。

她太忙。

随后，又一次公干。这次是在中国，北京，
走向往昔（他们的起点）的旅程
成为可能。

他战栗。难以成眠。设想他们
相伴朝圣。但她说："不。于我，没有
去往妈妈年轻健康之地的旅程。没有
去往我们自己的孩子们……的旅程。"他答道：
"可要是去哈尔滨呢？真的，要是去哈尔滨……？""不。"

某处，一个遥远的回荡着俄语
的中国城市，故地

自那以后他们再未在那里幸福地生活的地方。

她和他道别，走向一周的乡愁与升华。

日日凝望窗外的风呼啸着

掠过北京冷冷的街。

“我们曾惬意欢乐”

——乔安妮·彭斯

缄默的仪式化的驱魔除邪

我们也曾栖居于那个世界

风水试图增进我们的收成

祖国　一个巨大而朦胧的阴影

穿着软底鞋的阿武拿着松软的毛巾

我清香的睡袍搭在她的臂弯

馥郁的绿水注满方形的浴缸

香氛浴准备好了

厨师嗜好威士忌且坚持立场

而我喝我的——一种加了茄汁

的饮品　赏心悦目的汤

“基辅风味”的典范　多么香辣的肉！

他最拿手的是——甜点

我们在令人增辉的烛光里熠耀

威尼斯线呢花边罩着黑檀桌案

在用早餐的房间一角　准备宵夜点心
阿武　犹带睡意　端上热腾腾的面包卷

穿着软底鞋　悄然无声

拉德街的每个清晨
在阿拉丁的洞穴[①]里
觅取财宝
半是戏谑

那些杂物——
镯子　胸针
浮花白瓷[②]佛像
明青花

① 阿拉丁是《一千零一夜》中寻获神灯和魔法指环，以此召唤神怪按其吩咐行事的少年。“阿拉丁的洞穴”喻指藏有巨大财富的地方。
② 中国德化窑出产的一种瓷器。

以及我新增的

藏品——

鼻烟瓶！

年少时的强迫症。

走上摇摇欲坠的楼梯

楼上是些卷轴

纸的　帛的

是对不朽的致敬。

一座纪念碑

寻找的并非钻营者

亦非诅咒者

而是　牺牲者

野兔跃进洞里

蛇到了年份会整个吞下自己

猴（嬉戏和交易）之年

牛（在瓷器店）之年

玻璃杯碎了

在那面镜子后面

头上血渍斑驳的发带

和致命的谜

破裂的光

希冀淡去

在那面镜子后面

在启德机场

在英政府直辖殖民地

我们和阿武道别

西蒙·维森塔尔[1]《太阳花》读后

新加坡　时间翘曲不平

他对着号码簿陷入沉思

找到那家老洋行

的名字和地址……

她走过一间间紧挨着的店铺

浸没于各种声调的絮叨：

“太太，珐琅镯子，

做工一级棒，

一百二十刀

您还个价。

太太，要不，八十五，

七十五，太太。”

什么是他们的边际？

① 西蒙·维森塔尔（1908—2005），犹太人，出生于今乌克兰境内的沃利夫，二战期间被关入集中营，战后成为著名的“纳粹猎手”，将一千一百多名纳粹战犯送上法庭。其中包括负责监督实施希特勒“最后解决方案”的盖世太保犹太部主管阿道夫·艾希曼，逮捕安妮·弗兰克的盖世太保卡尔·西尔伯鲍尔，特雷布林卡集中营主管弗伦茨·斯坦戈尔。

“太太，喏，六十，
一口价。”
在酒店
她贪婪地读着那本书
思考
忘却与宽恕的关系：
支配万千生灵的
激荡的议题……
她的人生一直充满
不算艰辛的变乱：
劫后余生的罪恶感
不曾勒紧的绞索
及耻辱的烙印
鬼魅似的疤痕
刻在瘦弱的腕，
它们已润饰如丝
佩戴着手镯

我在以英语书写俄罗斯人的中国

不时地发明过往

我的引语或有失误而人生飘起

——梦与现实

与挚爱的声音之云

乘着青鸟的翅膀　往昔飞入

（那个花园　往昔仿若麻雀）

萨多瓦娅街上

葱茏的榆荫滤过光

我的红红的塞特犬和我

漫步　闲荡　奔跑

跑进白昼的奇迹……

跑进漫漫人生

有人叫道——站住！

有人喊——向右转！

有人呼唤——回……来！

也许这该被责备

因我无足轻重的诗行

以迥然不同于我

向普希金宣誓的语言写就?

图书在版编目（CIP）数据

根在风中：诺拉·克鲁克诗集/(澳)诺拉·克鲁克(Nora Krouk)著；董伯韬译. — 上海：上海译文出版社，2021.6
书名原文：Warming the core of things
ISBN 978-7-5327-8419-6

Ⅰ.①根… Ⅱ.①诺… ②董… Ⅲ.①诗集—澳大利亚—现代 Ⅳ.①I611.25

中国版本图书馆CIP数据核字(2021)第047991号

根在风中：诺拉·克鲁克诗集
[澳]诺拉·克鲁克/著　董伯韬/译
责任编辑/王嘉琳　装帧设计/胡　枫

上海译文出版社有限公司出版、发行
网址：www.yiwen.com.cn
200001　上海福建中路193号
江阴市机关印刷服务有限公司印刷

开本 890×1240　1/32　印张 11.5　字数 43,000
2021年9月第1版　2021年9月第1次印刷

ISBN 978-7-5327-8419-6/I · 5170
定价：62.00元